シングル女子の 今日からはじめる 貯蓄術

ファイナンシャルプランナー
飯村久美・著

成美堂出版

CONTENTS

稼ぎ上手になる

PART 2 大きなライフイベントに備える

もしものときに

CONTENTS

住むところは大事

家の購入

親のことを考える

介護

シングル卒業!?

結婚

特別編　より充実した生活を送るために！

はじめに

今や30代前半の女性、およそ3人にひとりが独身という時代。「独身は楽しいからずっとこのままでいたい！」という積極的な人もいれば、「チャンスがあれば結婚しようと思いつつ、気づけば独身のまま」という人もいるでしょう。独身生活を謳歌している人もそうでない人も、なんとなく抱えているのが「漠然とした将来への不安」ではないでしょうか。

ずっと独身でいるということは、自分ひとりだけの力で生きていくということです。もしかすると今後結婚するかもしれませんが、独身と結婚、どちらの道を選んでも必要になるのはやはりお金です。お金があることが必ずしも幸せに直結するわけではありません。ですが、お金があると不安を和らげることができます。

〝貯蓄しよう〟と思うと難しく感じる人もいるかもしれませんが、ご安心を。本書では「貯める」「増やす」「稼ぐ」の3ステップにわけて、「誰でもお金が貯められる仕組み」を紹介しています。お金の不安が減ると心にも余裕が出て、自信がついてきます。自信がつくと外見にも差が出てきます。あなたが望む未来を創るため、さっそく今から貯蓄生活を始めてみましょう！

飯村久美

登場人物紹介

先生（飯村久美）

FP事務所アイプランニング代表。日本FP協会認定ファイナンシャルプランナー。マネーの正しい知識とライフプランを多くの世代に伝えたいと思い、FPとして起業。お金が貯まる家計にナビゲートするのを得意とし、「長期的にも安心できるプランが立てられ、将来へのお金の漠然とした不安が解消された」などの声が多数寄せられている。

なかよしシングル3人組

しっかりさん

会社員。アクセサリー作りなど、細かい作業が得意。しっかりしているように見えて実は行き当たりばったりの面も。漠然とした将来への不安を抱えている。35歳。

のんびりさん

公務員。のんびりタイプ。やさしい親と気の合う友達に囲まれ、なんとなく楽しく過ごしてきた。今の生活に不満はないものの、このままでもいいのかな？と考えている。35歳。

せっかちさん

フリーランス。縛られることが大嫌いで、一生自分の稼ぎだけで生きていくと20代のころから決意。考えたら即実行するのは長所であるが、猪突猛進すぎるところが玉にキズ。35歳。

シングル女子の不安

「独身のままでいい」と思ってはいるものの……

仕事もプライベートも充実しているシングル女子。
今の生活に不満はなくても、はたして将来は……？

漠然とした不安はどこから生まれるの？

「独身は好きなことができて、気軽で楽しい」「仕事が充実しているから、結婚は考えられない」などと思っていたものの、年齢を重ねるにつれて「本当にこのままでいいのかしら？」という漠然とした不安を抱き始める人は多いようです。結婚したからといっていろんな不安が解消するわけではありませんが、なぜこのままでいることを不安に感じてしまうのでしょう。**独身でいることのメリットとデメリットを客観的に考えてみると、自分が感じている不安の種が見つかるかもしれませんよ。**

シングル女子を取り巻く状況

独身が肩身の狭い思いをしていたのは過去の話。
ひと昔前と比べて、シングルは〝生きやすい〟時代!?

30代前半の女性は3人にひとりが独身です

2015年の調査によると30～34歳の女性はおよそ3人にひとりが、35～39歳はおよそ4人にひとりが未婚。婚姻率も1970年代前半と比べると、半分の水準になっています。

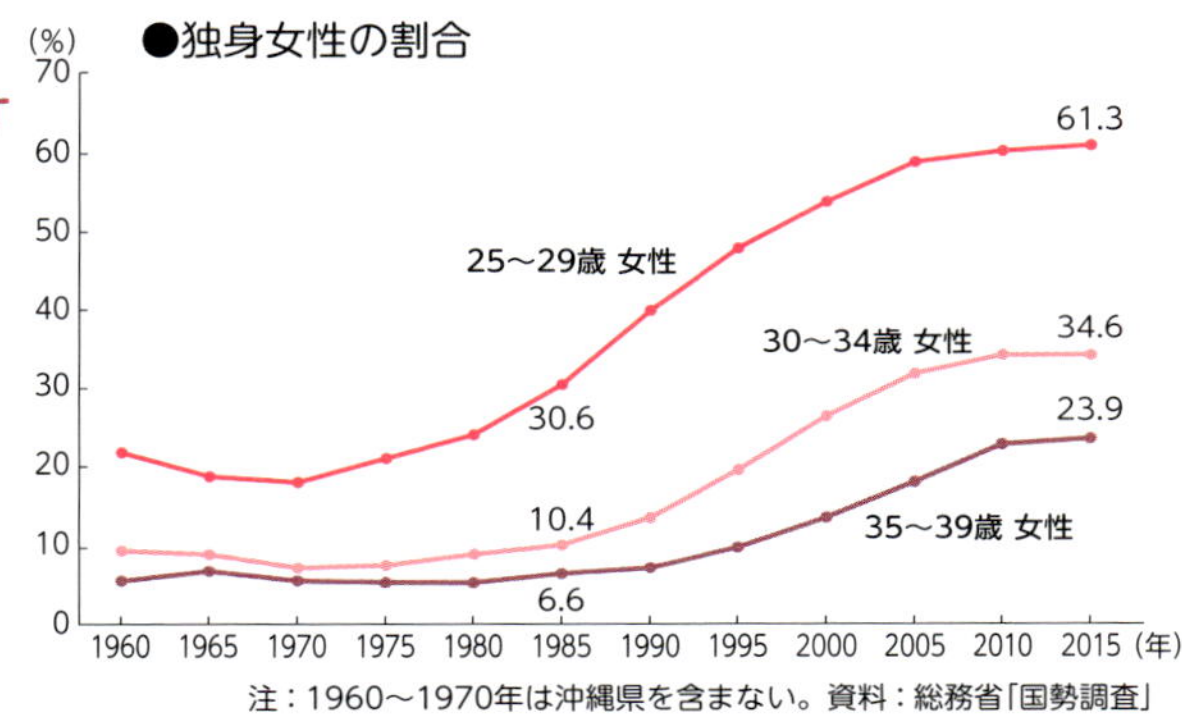

注：1960～1970年は沖縄県を含まない。資料：総務省「国勢調査」

「独身にメリットあり」は男女ともに8割超え！

18～34歳の未婚者を対象にした設問で、「今の独身生活に結婚生活にはない利点がある」と思っている人は、男性が83.5%、女性が88.7%と5年前の調査結果よりもわずかに上昇（前回調査：男性81%、女性87.6%）。具体的なメリットとして、「行動や生き方が自由」であることをあげる人が男女ともに圧倒的に多く、ほかには「金銭的に自由」「広い交友関係を保ちやすい」ことにもメリットを感じている人が多いようです。

出典：国立社会保障・人口問題研究所「第15回出生動向基本調査（独身者ならびに夫婦調査）」2015年

一方で、一生独身を決意したものの、やっぱり……という人も

35～54歳の未婚者で「一生独身でいることを決意・覚悟したあと、やっぱり結婚したい……と思うようになった」という人に、その理由をたずねたところ、女性は「老後ひとりで生活することが不安になったから」が最も多く、35%程度。そのように結婚したいと思うようになった年齢を見てみると、45歳以上が50%以上と最も高い割合になっています。老後のイメージが具体的になってくるにつれ、不安は大きくなるようです。

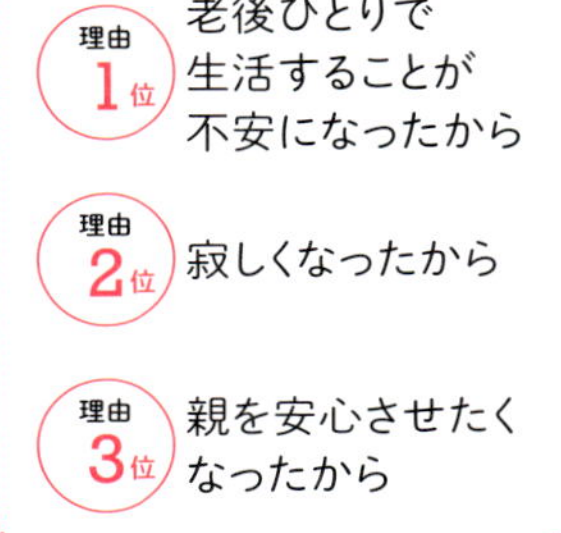

当事務所調べ

シングル女子の不安

みんなどれくらいお金を貯めてるの？

シングル女子の不安のひとつに、将来の経済面をあげる人は多いはず。
みんなはお金のこと、どこまで考えているのでしょう？

将来の資金って今から用意したほうがいい？

この先、結婚するかもしれない。でもこのままひとりで生きていくかもしれない……。どちらの道を歩んでも、**必要になってくるのがお金ですが、シングルならなおさらでしょう。**お金と幸せは必ずしも比例するわけではありませんが、将来的な不安を和らげてくれるもののひとつではあります。とはいえ将来の資金といわれても、なかなかピンとこないもの。同世代の女子がどのくらい貯めているのかも気になるところでしょう。将来の資金をどうとらえるべきか、これを機に考えてみましょう。

みんなのお財布事情をのぞき見

同世代の友達には聞きたくてもなかなか聞けない、
お財布＆貯蓄事情。みんなのお金にまつわるいろいろをチラッと拝見。

30代の平均貯蓄額は 404万1,000円

世帯主の年齢別に見た1世帯あたりの平均貯蓄額は、右の通り。ただしこの金額は性別や未婚・既婚ではわかれていません。

人によってはまったく貯金がないという人がいるかもしれませんが、今からでも遅くはありません。自分の今の家計を見直して、必要なお金を蓄えていきましょう。

●年齢別の平均貯蓄額

世帯主の年齢	平均貯蓄額
29歳以下	154万8,000円
30代	404万1,000円
40代	652万7,000円
50代	1,051万2,000円
60代	1,339万4,000円
70歳以上	1,263万5,000円

出典：厚生労働省「国民生活基礎調査」2016年

将来の資金を準備しているのは7割

20〜50代の女性で積極的に将来の資金を準備している人は、7割ほど。具体的な手段は預貯金が圧倒的に多いようです。

先のことを考えて、若いうちから将来の資金を準備をしている人は意外と多いもの。今だけを楽しんでいると差が開く一方です。「いずれは」と思わず、思い立ったらすぐに始めましょう。

●将来の資金の準備方法

1 預貯金 （P44〜参照）

2 個人年金保険

3 財形貯蓄 （P49参照）

給料から天引きされる財形貯蓄も人気です。最近話題のiDeCo（P96〜）にも注目が集まっています。

当事務所調べ

将来の資金の準備をしていない理由は？

経済的な理由をあげる人が6割近くいる一方で、資金準備について考えたことがなかったり、何をしていいのかわからないという人が3割以上も。ただし既婚女性も含む調査なので、夫に任せている人がいることも考えられます。

急にたくさんのお金を貯めるのは難しいもの。本書の「稼ぐ、貯める、増やす」の方法を参考に、コツコツと貯めていきましょう。

●将来の資金を準備しない理由

1 経済的余裕がない

2 何をしていいのかわからない

3 考えたことがない

30代ではまだまだ「何もしていない人」が多数！

当事務所調べ

シングル女子の不安
今から考えておきたい「老後」のこと

いつか必ずやってくる老後。
先輩のみなさんの意見を聞いて取り入れていきましょう。

老後は長くなるほど手厚い準備が必要です

日本は世界有数の長寿大国。厚生労働省の調査によると２０１６年の日本人の平均寿命は女性87・１４歳、男性80・９８歳でいずれも過去最高を更新しています。しかしながら老後がより長くなっているということは、その準備もより手厚くしていかなければいけないことを意味しています。……ますます不安になってきましたか？　でも、**今からならまだ間に合います。特に自分ひとりの力で生き抜いていこうと思うなら、なおさら準備はしっかりしておきましょう。**

若いうちにやっておけばよかったこと

「もっとこうしておけばよかった」と後々思わないよう、
人生の先輩たちの重みのある声をお聞きください。

先輩VOICE こんなことを後悔しました

定年後も生かせるスキルを習得すればよかった

まだまだ働けるし貯蓄も不安なので、何かしらのスキルを身につけておくべきだった。

投資の勉強をしておけばよかった

若いうちから投資をしておけばもっとお金を増やせたかもしれないのに、と残念です。

友人との交遊や人とのつながりを大切にしておけばよかった

仕事ばかりしていたので、交遊関係は二の次にしてしまい、孤独を感じています。

もっと貯めておけばよかった

何も考えずに無駄遣いしていたお金を、取り戻せるなら取り戻したい……。

足腰を鍛えておけばよかった

定年後は旅行三昧の生活を送ろうと思っていましたが、慢性の腰痛で家を出るのも億劫です。

歯のメンテナンスをまめにしておけばよかった

歯は健康の原点。自分の歯でおいしいご飯を食べられる喜びをまた味わいたいです。

一番の後悔は……

老後資金の準備

定年退職をした人に後悔していることを聞くと、やっぱり多く出てくるのがお金の話。老後資金をもっと積極的に準備しておけばよかったと感じている人は多いようです。

貯蓄額の低い人ほど、老後資金の準備をやっておかなかったことを後悔する傾向は強く、計画的な準備ができたかどうかが大きな分かれ道に。

シングル女子の不安

老後の生活って そもそもいくらかかるの？

贅沢な暮らしをしなくても、生活費はかかります。
このご時世、年金だけで賄えるのでしょうか……？

60歳以上のひとり暮らしの生活費

年金を受け取れる場合の、収入と支出を試算。
自営業者は年金受給額がさらに少なくなります。

60歳以上、シングル、無職の場合

収入 102,131円 − 支出 148,358円 ＝ 毎月46,227円足りない！

内訳を見てみると…

食料	36,604円	保健医療	8,167円
住居	15,372円	交通・通信	14,370円
光熱・水道	12,928円	教養娯楽	17,546円
家具・家事用品	6,195円	その他の消費支出	32,834円
被服及び履物	4,341円	消費支出	148,358円

出典：家計調査平成28年　単身世帯の家計収支

年金受給者の収入から、生活費の平均を差し引くと、毎月約5万円足りないことに。なおこの額は持ち家の人も含まれているので、住居費の平均は約15,000円と低くなっています。賃貸の人は住居費分の上乗せを考えておく必要があります。

年金1本ではやっぱり厳しい老後の暮らし

いつからが「老後」なのかは、捉え方もさまざま。定年退職をする60歳や、公的年金を受給できる65歳など、経済的な節目からを老後とみなしている人が多いとは思いますが、**あなたが今何歳で、何歳まで現役で働いていきたいかをイメージすることが大事**。老後の収入源として年金があるから安心と思う人もいるかもしれませんが、生活費をここからすべて賄うのは難しくなっているのが現実です。ただし具体的な金額がみえてきたら対策を練ることは可能なので、悲観せずにチャンスと考えて！

シングル女子の不安

今から老後を考えて準備しておくこと

健康的で充足した暮らしを送るのは、誰もが望むこと。
そんな暮らしを実現させるために、今すべきこととは？

生活費以外にもプラスアルファが必要

老後にかかるお金は、前ページで紹介した生活費だけではありません。たとえば住居費は生活費の一部として考えることはできますが、あくまでそれは家賃や維持費の部分。リフォーム代や引っ越し代などが発生する可能性もあります。また、親や自分自身に介護費用も必要です。

お金が必要なことはわかっているけど貯蓄がない、今さらもう手遅れ、と思っている人もいるかもしれません。しかし、**今からでもできることはいろいろとあります。老後に備えて準備を進めておきましょう。**

今、何ができるのか考える

不安のない老後生活を送るために、
今できることを考えて、実践していきましょう。

住まいを考える

「無理なく住める」場所を選ぶことが大切

賃貸なのか購入するのか、将来的に住まいをどうするのかは大きな問題です。どちらにもメリット・デメリットがあり、どちらがいいかは一概には言えません。自分の価値観を見つめて考えてみましょう。どちらを選ぼうとも、一馬力のシングル女子としては、家計に負担がかからないプランを選ぶのが必須条件です。

Check! 家の購入→P148～

お金を貯める

目標を明確にし、お金が貯まりやすい仕組みを作る

「まったく貯金がない」という人もいれば、「貯金はしているけど不安で仕方ない」という人もいるでしょう。具体的な目標がないと不安に陥りやすくなります。お金を貯めるためには、「具体的な金額、時期、目的」を決めること。そして、貯めやすいための仕組みを作っていくことです。

Check! 貯め上手になる→P44～

お金を増やす

貯蓄とともに「投資」で利益を期待する

貯蓄とともに考えてほしいのが「投資」です。投資とは「将来的な利益を期待して、今あるお金を投じる」こと。投資ときくとなんとなく怖い印象をもつ人もいるかもしれませんが、投資とはギャンブル性が高いものではなく、時間をかけてじっくりと育てていくものです。無理をしない投資のコツを紹介します。

Check! 増やし上手になる→P82～

働き方を見直す

「もう遅い」と思わずチャレンジを

働いてお金を稼ぐことさえできれば、生活するためのお金を確保することができます。お金を増やすために今の職場でスキルアップやキャリアアップを目指すのもひとつの手ですし、思い切って転職するのもいいでしょう。「もう遅い」ということはありません。働き方を見つめ直し、できることから取り入れていきましょう。

Check! 稼ぎ上手になる→P108～

「老後」のために動き出そう！

シングル女子に必要なのは「稼ぐ」「貯める」「増やす」力！

働き盛りの今こそ身につけるべき3つの力

不安を煽ってしまったかもしれませんが、現役時代、つまり元気に働けるうちは老後資金を準備できる最大のチャンスです。**お金にまつわる対策は、現役で働いているときしかできない**といっても過言ではありません。そのために**シングル女子にぜひ身につけてほしいのが、「稼ぐ」「貯める」「増やす」という3つの力。**これらはバランスがとても大事で、3つの土台となる「稼ぐ力」とは、誰かの収入に頼ったり、株やFXなどで一獲千金を狙ったりするのではなく、自分で働いてお金を得ることを

3つの力で貯蓄の好循環を作る

それぞれの力の意味をきちんと理解して、バランスよく磨いていくことで、貯蓄の好循環が生まれます。

増やす
貯める
稼ぐ

資産を形成するうえで基本となる「稼ぐ」「貯める」「増やす」力は、ピラミッドのようなバランスがベスト。土台となる稼ぐ力を大きくしていくことで、貯める力や増やす力も大きくすることができます。

稼ぐ力

働くことで、自分で収入を生み出す力。スクールなどに通って自己投資をしたり、スキルをみがいたりすることも、将来の稼ぐ力のアップへとつながります。

貯める力

稼いだぶんだけ使っていては、お金は一向に貯まりません。無駄遣いを極力減らして、将来必要となるお金を無理なく準備していくことができます。

増やす力

貯める力がついたら、さらに身につけたいのが増やす力。預貯金だけではお金を増やすことのできない時代。少額の積み立て投資からでも賢く増やしていく力を磨きましょう。

意味しています。極端な話、何歳になっても稼ぐ力さえあれば、生活していくのは可能でしょう。とはいえ、それだけだと〝何かあったとき〟に心許ないので、稼いだお金をしっかりストックする「貯める力」も大事になってきます。3つ目の「増やす力」は、より効率的にお金を運用すること。

　リタイアまで余裕のあるうちにこれらを身につけると、これからの長い将来、お金の不安が減らせます。自分のお金を自分で100%コントロールできるのは、シングル女子の特権ですよ!

今まで貯められなかったのに、うまくできるのかしら……

トライアンドエラーができるのも、若いうちの特権。この力を身につければ、一生モノの財産になりますよ!

「老後」のために動き出そう！

お金を増やしたいならマネーセンスを磨くこと

給与明細どうしてる？

は〜今月もおわった〜♡
おーつかれさーまわーたしー♫
ほったらかし…
マネーセンス 低
マネーセンス 高
先月のお給料と金額が違うと思ったら…厚生年金が上がってたんだ！
CHECK!
厚生年金
23,790

大人の女性として備えたいマネーセンスとは？

「難しいから」「面倒くさいから」と、お金にまつわるあれこれをつい後回しにしていませんか？　日々、忙しいシングル女子だと、特にそうなりがちです。そんな**「お金音痴」**の状**態だと、貯まるものも貯まりませんし、知らないというだけで損をしていることが実はたくさんある**のです。

たとえば自分で一生懸命働いて得た給料から、税金や保険料が毎月どのくらい引かれて、それらがどんなふうに使われるのか知っているでしょうか。たとえば、病気にならなくても健康保険料は毎月払っているの

マネーセンスをアップする3つの心得

**センスはコツコツ磨きをかけて、高めていくもの。
お金音痴から脱却するために必要なこととは？**

1 お金の話にアンテナを張る

ひと言で「お金」といっても、貯金や家計、保険、年金、投資などなど広範囲に及びます。国の政策や経済とも密接に関わることなので、まずはお金の話題にアンテナを張って、情報を常にキャッチしようとする姿勢が大切です。

たとえば こんなこと、知っていますか？

給与明細はどうやって見るの？ P120へ

あなたの年金の種類は？ P32へ

将来受け取れる年金額を調べる方法は？ P43へ

2 「面倒くさい」と思わず、調べる

たとえば住宅を購入してローンを組むことになったとき、ローンの知識がなく勧められるがままに組むのと、自分できちんと勉強して、賢く組んで返すのとでは全然違います。正しい知識は、あなたにとって大きな武器に。

住宅ローンの場合だと

頭金はどれくらい必要？ P154へ

あなたが住宅ローンを借りられる限度額は？ P152へ

住宅ローンはどこで借りられる？ P156へ

3 自分でお金をコントロールする

「お金がない」「貯まらない」と嘆いている人は、いってみればお金に振り回されている状態。お金にコントロールされるのではなく、自分でコントロールができるようになると、心にも余裕が生まれ、無理なくお金が貯まります。

ですから、利用できる健康診断は積極的に受けたほうがいいでしょう。住民税を払っているぶん、図書館も活用しましょう。スポーツジムで高い会費を払うことと同じことが、地域のスポーツセンターでできるかもしれません。こういった**お金に関する知識やセンスは、一朝一夕で身につけられるものではありません。お金の話に興味をもって、わからないことはそのままにせずに自分で調べて、実践**する。それを意識的に繰り返すことで、マネーセンスは確実にアップしていきますよ。

ポイント
市報や区報などの広報誌やWebサイトに、市民が利用できる格安講座が載っていることも。ぜひ活用して。

「老後」のために動き出そう!

貯金はダイエットと同じく「日々の振り返り」が大事

貯蓄とダイエットには意外な共通点が!

唐突に思うかもしれませんが、**貯蓄とダイエットは成功に必要な最初のプロセスがよく似ています。**そもそもダイエットは「やせたい」という思いがないと始まりませんし、そのためにはまず体重計に乗って体重や体脂肪率などをチェックして、現状を受け入れなければいけません。現在の体重を知らないままでは、目標体重も決められませんし、具体的な対策を練ることもできないでしょう。貯蓄もこれと同じ。**「お金を貯めたい」と思わないと始まらず、毎月使っているお金がいくらなのか、何**

日々の行動の振り返り方

**日々の行動を振り返り、自分自身と向き合うことで、
改善点が見え、目標が定まってきます。**

「振り返る」3つのポイント

お金をいくら使ったかだけではなく、どんな使い方をしているのか、それに対して自分が満足しているのかも考えてみてください。また時間の使い方など普段の生活を振り返ることでも、今の自分を把握することができます。

お金を貯める目的について考える

目標とする金額、目標達成までの期間、目的などを具体的にイメージすることで、実現させるためにやるべきことや、改善するべき点が見えてきます。

(P44〜45参照)

「生きた」お金なのかを考える

ストレス発散や衝動買いではなく、自分にとって本当に価値を感じられるようなお金の使い方をしていますか？　お金の使い方にも目を向けてみましょう。

(P56〜57参照)

時間の使い方を考える

時間の使い方が上手な人は、不思議なことにお金の使い方も上手。無駄な過ごし方をしていないかどうか、自分の生活パターンを振り返ってみてください。

(P76〜77参照)

に使っているのか把握できていないと、いくら貯められるのか、どこを節約すればいいのかもわかりません。

貯蓄において「今の自分」を知るための方法はただひとつ、日々の行動を振り返ることです。ダイエット中の誘惑に負けた間食を「なかったこと」にするのと同じように、過去の無駄遣いなど明らかに後悔したことは、つい見て見ぬふりをしてしまいがち。しかし「お金が貯まらない原因にもきちんと目を向けること」が、成功には不可欠なのです。

ポイント

ただし貯蓄はダイエットと違って、成功するための「仕組み」を作りやすいのがメリットです。

用語解説

本書によく出てくる専門用語の一部を説明します。「?」と思ったらこのページを参照してください。

掛け捨て
保険に掛けた（払った）お金が、契約が満期を迎えたり途中で解約したりしても、払い戻されることがないこと。

株
正式には株式といい、株式会社は事業のための資金を募り、お金を出してくれた投資家に「株式」という証書を発行する。

元本
元となるお金。収益を生み出す元となる財産のこと。

元本割れ
購入した金融商品の価格が投資金額を下回ること。

金融商品
銀行や証券会社、保険会社などで取り扱っている商品のこと。預金、株、投資信託、保険などがある。

金利
お金を借りたときに払う利息や、お金を預けたときに発生する利子のこと。またはその割合（%）のこと。

控除
ある金額から、一定の金額を引くこと。

公的年金
国が管理運営する制度の総称で、社会保障制度の一種。国民全員が加入する「国民年金」、会社員を対象とした「厚生年金」がある。受け取れる年金の種類は「老齢基礎年金」「障害年金」「遺族年金」。

国債
「国債券」の略で、国が発行する債券のこと。税金だけではカバーできない財政に必要な資金を集めるために国が発行し、国債の買い手からお金を借りている。

財形
正式には財形貯蓄制度という。勤務先が金融機関と提携して、給料やボーナスから天引きしてお金を貯める制度。

債券
国や地方公共団体、企業などが、事業に必要な資金を集めることを目的として発行する証券（借用証書）のこと。

社会保険
病気やケガ、災害、失業などで生活が困ったときに救済する公的な保険制度。日本の社会保障制度で、国民の生活を保障するために設けられています。民間の保険とは違い、一定の条件を満たす国民は社会保険に加入して保険料を支払う義務がある。

定期預金
銀行に貯金をするとき、一定の期間は払い戻しをしないことを条件に、普通預金よりも高い金利を得ることができる預金。

天引き
給与から税金や保険料などをあらかじめ差し引くこと。会社で「財形」に入っている場合は、これも給与から引かれる。

投資信託
投資家から集めたお金をひとつの資金としてまとめて、ファンドマネージャーと呼ばれる運用の専門家が株や債券などに投資・運用すること。

複利
利子にまた利子がつくこと。元金によって生じた利子を元金に組み入れ、それが続くことでその資産は雪だるま式に増えていく。

リボ払い
リボルビング払いといい、クレジットカードの支払い方法の一種。購入した各々の額ではなく、残高全体を割って毎月返済し、合計残高を減らしていく。債務の額に応じて、毎月の支払額があらかじめ決められている定額コースのほかに、債務の額に合わせて毎月の支払額が段階的に増減するコースもある。

利回り
利回り（年利回り）とは、投資した金額に対して、どれくらいの利益が上がってきたのかを示す割合のこと。

PART

お金を貯める、増やす、稼ぐ

「お金を貯めたい」と思っても、なにをどうしていいのかわからず、挫折した経験がある人も多いのでは。そんなシングル女子にぜひ身につけてほしいのが「貯める」「増やす」「稼ぐ」の３つの力。土台となる「稼ぐ力」は、働いて自分の収入を生み出す力です。でも稼いだ分だけ使ってしまっては、将来のための貯蓄ができません。そこで必要になるのが「貯める力」。収支のバランスを改善し、お金が貯まる体質になりましょう。お金を貯めることができるようになってきたら、次に身につけたいのが「増やす力」。預貯金だけではほとんど金利がつかない時代。賢く運用して、お金を増やしていく力が必要です。この３つの力で貯蓄の好循環を作っていきましょう！

シングル女子 将来のことを真剣に考えだすの巻

Happy～ Birthday～ to～you～♪

Happy♡ Birthday

35歳のお誕生日おめでとう～！

いやーん ありがとう！

キャッキャッ

しかし みんな なかよく シングルライフだねー

ハハハ

ほんとだよね 今はまぁまぁ仕事も楽しいし 自由になるお金もあるし 友達もシングルが多いから、遊び相手にも困らないけど

……

RRR

今日はお祝いいけなくてごめんねー

ううん まだ子どもも小さいんだし気にしないで

今度 新居にも遊びに来てね ご馳走たくさん作るよ！

あの子ってすごいよね 子ども2人に新築のマイホームまで買って

頭金もたくさん払ったからローンは20年で終わるんだって

ピッ

頭金！ ローン！ …大人だわ～ 置いていかれてる感がすごい！

いつの間にみんなこんなに大人になっちゃったのー

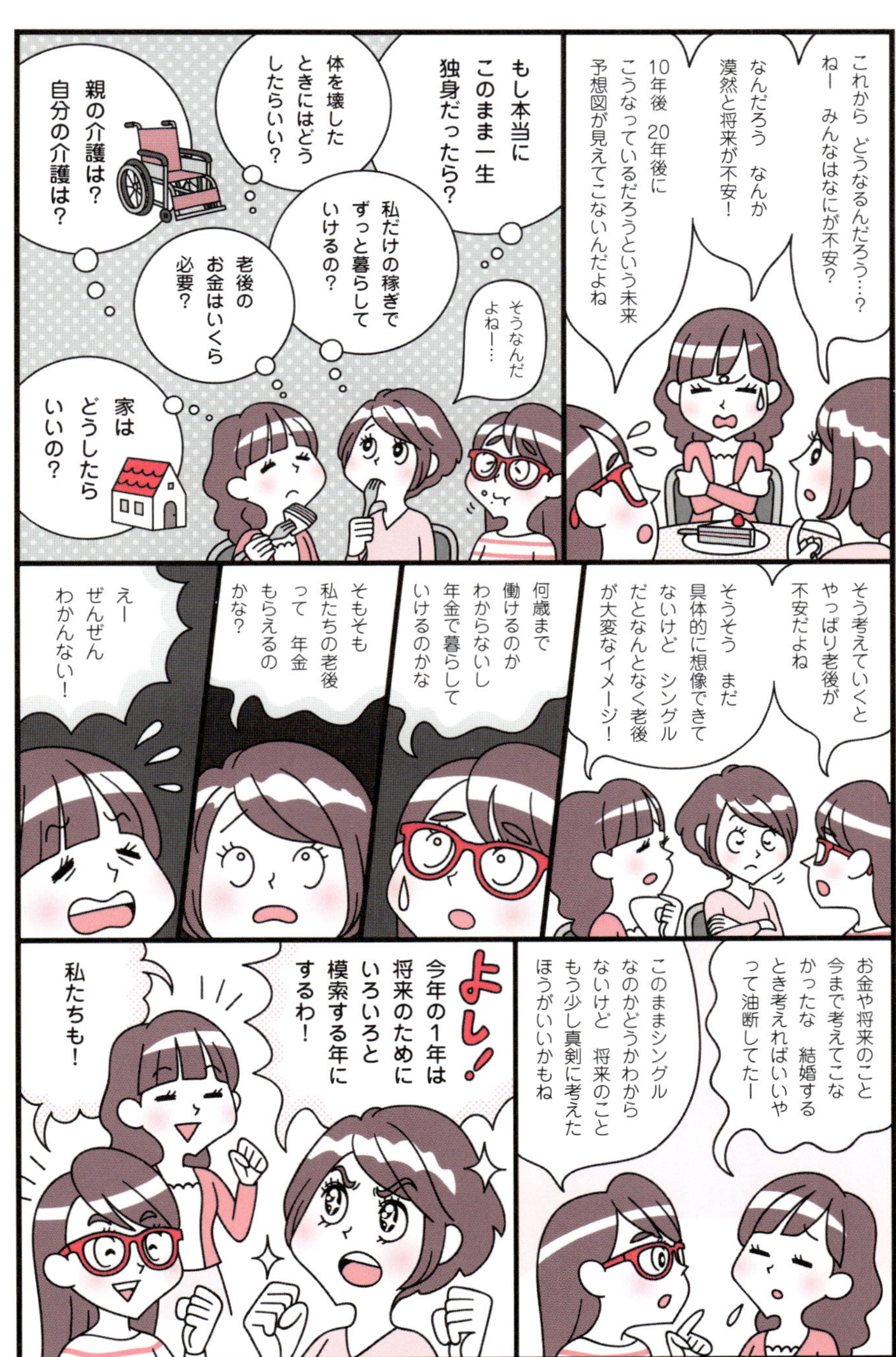

これから どうなるんだろう…？
ねー みんなはなにが不安？
なんだろう なんか
漠然と将来が不安！
10年後 20年後に
こうなっているだろうという未来
予想図が見えてこないんだよね
もし本当に
このまま一生
独身だったら？
体を壊した
ときにはどう
したらいい？
親の介護は？
自分の介護は？
私だけの稼ぎで
ずっと暮らして
いけるの？
老後の
お金はいくら
必要？
そうなんだ
よねー…
家は
どうしたら
いいの？
そう考えていくと
やっぱり老後が
不安だよね
そうそう まだ
具体的に想像できて
ないけど シングル
だとなんとなく老後
が大変なイメージ！
何歳まで
働けるのか
わからないし
年金で暮らして
いけるのかな
そもそも
私たちの老後
って 年金
もらえるの
かな？
えー
ぜんぜん
わかんない！
お金や将来のこと
今まで考えてこな
かったな 結婚する
とき考えればいいや
って油断してたー
このままシングル
なのかどうかわから
ないけど 将来のこと
もう少し真剣に考えた
ほうがいいかもね
よし！
今年の1年は
将来のために
いろいろと
模索する年に
するわ！
私たちも！

老後と年金について考える

年金

将来、受給できる年金はいくら？

時代に合わせて変化してきた年金制度

リタイアをしたら多くの人にとって、一番大きな収入源となる公的年金。公的年金とは、国が管理・運営する制度で、保険の一種です。若いうちは特に「毎月給料から天引きされているけれども、今の自分には関係ないお金」と思っていたり、「きちんと納めても、老後に本当にもらえるか心配」と不安を感じている人も多いかもしれません。

現在のような「国民皆年金」制度が始まったのは、昭和36年（1961年）のこと。当時の平均寿命は男性が66・03歳、女性は70・79歳

年金受給額の平均

女性でも職業によって受給額が異なってきます。
また性別によっても大きな差があります。

●女性の場合

	平均的な老後生活費 148,358円	
会社員	会社員などが受け取る厚生年金 102,708円	45,650円 足りない
自営業者	自営業者などが受け取る国民年金 52,708円	95,650円 足りない

フリーランスの受給額が少ないのはなぜ?

次ページ以降に詳しく説明しますが、会社員や公務員は基本的に国民年金だけでなく、厚生年金にも加入しています。そのため自営業者や、一定の条件を満たしておらず厚生年金に加入していないパートや派遣社員よりも、受給額が多くなります。

男性のほうが受給額が多いのはなぜ?

厚生年金は加入期間、つまり会社などで働いた期間と、平均年収で受給額が決まります。男性と女性では年収に格差があったり、男性に比べて女性は働く期間が短かったりするため、女性の厚生年金受給額の平均は、男性の約6割となっています。

●男性の場合

会社員などが受け取る厚生年金
166,863円

自営業者などが受け取る国民年金
58,806円

出典：厚生労働省年金局「平成28年度厚生年金保険・国民年金保険の概況」

で、定年退職は55歳が主流。単純計算すると、10～15年分の老後資金を準備しておけばよく、そのうえ年金制度を支える現役世代の層が厚い時代でした。少子高齢化など社会や経済の変化に伴い、年金制度は改正を重ねており、みなさんが受給年齢に達するころには、さらなる改正が加えられていることが予測されます。

しかし、**シングルのままでいた場合、一馬力で生きて行くのですから、どのくらい年金を受給できるのか平均額を知っておくこと**は大切です。

老後と年金について考える

年金

自分の老後の生活を具体的にイメージしてみる

あなたはどんな老後を送りたいですか？

年金を中心に老後の生活を考えている人は多いと思いますが、**どこで暮らすか、どんな老後を送りたいかによっても準備のしかたは変わってきます**。たとえば自営業で健康なうちはずっと働きたいと思っている人と、定年退職したら趣味を生かして起業したい人、悠々自適に暮らしたい人とでは、必要とする老後資金も異なるでしょう。**自分が理想とする老後の暮らし方をイメージしながら、大まかな収入と支出を算出**してみてください。**老後資金をいくら準備すればよいか具体的に見えてきますよ。**

老後に必要な金額を試算

現時点で想定できる老後の収入と支出を算出して、老後資金がいくら必要かシミュレーションしてみましょう。

あなたの収入		あなたの支出		年間の不足額
公的年金 年間　　円 ＋ その他収入 年間　　円	－	老後の生活費 年間　　円 ＋ 家賃や住宅ローン 年間　　円	＝	A　　円

※退職金や企業年金、iDeCoなど。

※シングル世帯の1カ月の平均支出は、約15万円（P15参照）。ただし住居費は持ち家の人も含まれているため、1万円強と低くなっています。賃貸に暮らし続けることを考えている人は、考慮しましょう。

つまり65歳までに必要なお金

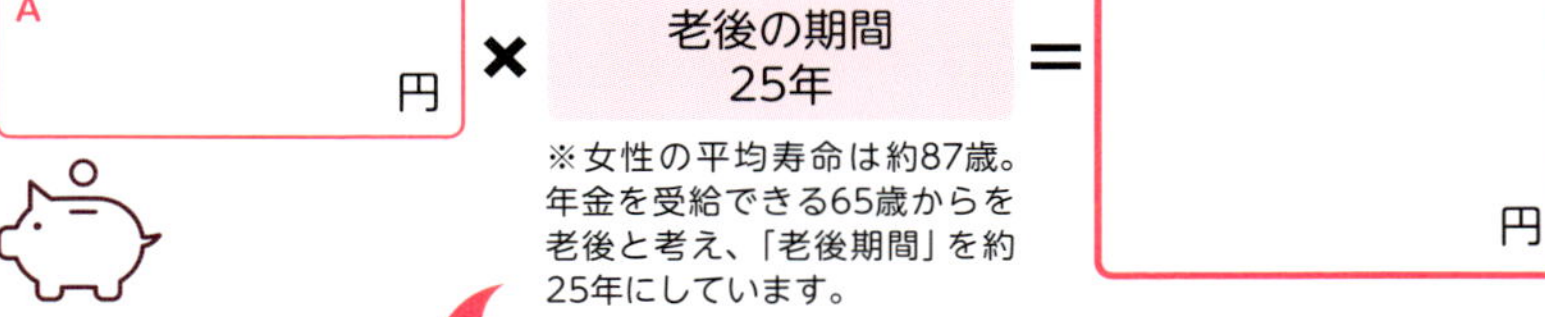

※女性の平均寿命は約87歳。年金を受給できる65歳からを老後と考え、「老後期間」を約25年にしています。

全額を貯蓄で賄おうと思わないこと

たとえばP15の「60歳以上のシングル生活費」の例だと、生活費だけで毎月約4万7,000円の赤字に。

「約5万円×12カ月×25年（老後期間）＝1,500万円」

この金額を貯蓄だけで賄おうとするのは大変です。効率的に貯蓄をしながら、手元のお金を投資によって増やし、ずっと働ける仕事を探していきましょう。P44から詳しく解説します！

老後と年金について考える

年金

年金はいくら払ってる？基本ルールはどうなってるの？

覚えておきたい公的年金の仕組み

毎月支払っている年金ですが、自分がいくら払っていて、いつまで払うのか把握していますか？ 20歳以上60歳未満のすべての国民が加入する国民年金の保険料は一律ですが、毎年度見直しが行われています。**老後に年金を満額受け取るには、40年間払い続ける必要があり、保険料を納めた期間で受給できる年金額が決まります**。以前は25年以上払わなくては年金の受給資格がありませんでしたが、10年に短縮されました。ほかにも年金の基本を左ページにまとめていますので、確認してみましょう。

日本の公的年金制度

**一定の年齢のすべての国民が加入するのが国民年金。
会社員や公務員は厚生年金にも加入しています。**

	第1号被保険者	第２号被保険者	第3号被保険者
被保険者	①自営業者とその配偶者 ②学生 ③第2号被保険者でも第3号被保険者でもない人	会社員 公務員	第2号被保険者に扶養される配偶者 （年収が130万円未満。一部、106万未満）
年齢	①第1号、第3号…国内に住所を有する20歳以上60歳未満の人 ②第2号…厚生年金の適用を受ける事業所に勤める70歳未満の者		
保険料	国民保険料 月額16,340円	毎月の給与と賞与に厚生年金保険料率18.300%をかけて計算し、会社と半分ずつ負担する	保険料負担なし
受け取る年金額	40年納めて、**老齢基礎年金年額77万9300円**を受け取れる（平成30年度）	・加入期間や収入による ・**年額150万円～270万円の人が多い**（老齢基礎年金＋老齢厚生年金）	・40年加入して老齢基礎年金約78万円を受給 ・1カ月でも厚生年金をかけていれば老齢厚生年金も受け取れる

平成30年5月現在

年金の基本ルール

国民全員が入る国民皆年金

国民年金の対象は、すべての国民。会社員か自営業者か、仕事をしているかどうかにかかわらず、基本的に20歳以上60歳未満のすべての人に加入が義務づけられています。

受け取るには10年以上加入が必要

老齢基礎年金の額は、基本的に納付した期間で決定。以前は25年以上加入しなければ年金の受給資格がありませんでしたが、2017年8月から10年に短縮されています。

受け取りは原則65歳以上

公的年金のなかでも、老後に決まった額を受け取る「老齢基礎年金」の受給が始まるのは、原則65歳から。ただしもらえる額は減ってしまうものの60歳からの受給も可能です。

年金は「3階建て」。その仕組みを解説します

種別が変わるともらえる年金の額も変わります

年金制度は職業によって分けられ、左図のように**3階建ての構造になっています**。たとえば会社を辞めてフリーランスになったり、結婚して専業主婦になったりすると、被保険者としての種別が変わり、毎月納める額も将来的に受け取ることのできる額も変わってきます。ですからこの**仕組みをきちんと理解して、自分がどのタイプなのかを把握しておくことが大切**。また公的年金で足りない部分は、「iDeCo（P96参照）」など自分で準備する必要があるので、貯蓄方法を考えていきましょう。

年金の種類と仕組み

**職業によって加入できる年金や納める額が異なります。
この3階建てをしっかり覚えておきましょう。**

上乗せすることでより手厚く

加入者（被保険者）は、職業によって第1号〜第3号まで3タイプにわけられます。年金は3階建ての構造で、すべての国民が加入するのが1階の国民年金。会社員、公務員は厚生年金が2階に上乗せされています。さらに3階部分は個人または会社で、iDeCoや企業年金などをプラスする形で成り立っています。

第1号被保険者	第2号被保険者	第3号被保険者
国民年金基金 iDeCo など	企業年金 iDeCo など	iDeCo など
	厚生年金	
国民年金	国民年金	国民年金
自営業者、フリーランス、20歳以上の学生、農林漁業者、フリーターなど	会社員、公務員など	会社員や公務員などに扶養されている専業主婦（主夫）

自営業者などは国民年金のみ

第1号被保険者が入ることのできる公的年金は1階部分の国民年金のみで、全額自分で納めなければいけません。そのため国民年金基金や付加年金（P39参照）、iDeCoでプラスをするなど、かなりの割合を個人で準備する必要があります。

会社員、公務員は2階建て

国民年金と厚生年金の2階建てが基本。毎月の給料から天引きされている厚生年金保険料のなかに、国民年金保険料が含まれています。また厚生年金保険料は、会社が半額負担しています。3階部分に企業年金を導入している会社も。

会社員・公務員の妻（夫）は実費負担なし

会社員・公務員と結婚して扶養家族になると、第3号被保険者に。保険料は配偶者が加入する厚生年金が負担。個別に納める必要はありません。ちなみに自営業者など第1号被保険者の妻（夫）は、扶養されていたとしても国民年金を全額支払わなければいけません。

老後のためだけじゃない！「もしも」のときも頼れる年金

きちんと納めておきたい理由はほかにもあります！

公的年金は老後のためだけのものではありません。前ページまで紹介してきた、**リタイアしてから受け取る年金は「老齢年金」。**老後にもらえる年金のほかにも、**重い病気やケガで障害が残ったときに支給される「障害年金」**や、**加入者が亡くなったときに、配偶者や遺族が受け取ることのできる「遺族年金」**もあります。

しかも公的年金は終身保障、つまり一生涯保障してくれるありがたい制度です。もしものときのために保険料はしっかり納めておきましょう。

老後以外にも役に立つ年金

民間の保険加入を検討する前に知っておきたい、公的年金のもしものときの手厚いケア。

病気やケガで障害が残ったときは

障害年金
うつ病ももらえます!

病気やケガによって生活や仕事が制限されるようになった場合に、現役世代も受け取れる年金。がんや糖尿病、うつ病なども障害年金の対象になります。一定の期間保険料を納めていること、初診日に65歳未満であることが受給の条件。

国民年金 ↓ 障害基礎年金	厚生年金 ↓ 障害厚生年金
1級と2級の障害等級があり、**1級は年間779,300円×1.25倍。2級は年間779,300円**(子がいない場合)。	1級・2級・3級の障害等級があり、**報酬比例の年金額をベースに支給**。該当する状態よりも軽い障害が残ったときは、障害手当金(一時金)を受け取ることが可能。

一家の大黒柱が亡くなったら

遺族年金
遺された家族が健全に暮らすために

年金加入者が亡くなったときに、配偶者や子どもなどが受け取ることのできる年金。遺族基礎年金は「配偶者や子がいる人のため」の遺族年金制度で、遺族厚生年金は「厚生年金加入者のため」の遺族年金制度です。詳しくは右の表にまとめています。遺族基礎年金をもらっている人は、遺族厚生年金も受け取ることができます。

国民年金 ↓ 遺族基礎年金	厚生年金 ↓ 遺族厚生年金
[もらえる人]亡くなった国民年金加入者の、子どもがいる配偶者または子ども。子どもは18歳未満であることが条件。	[もらえる人]亡くなった厚生年金加入者の配偶者、18歳未満の子どもと孫、55歳以上の父母、祖父母。
[注意点]以前は妻しかもらえませんでしたが、現在は妻がなくなった場合も夫がもらえるように。ただし再婚したら支給停止(遺族厚生年金も同様)。	[注意点]30歳以上の妻(ただし年収850万円以上、再婚すると適用外)は一生涯受給可能。子どもがいない30歳未満の妻は、5年間しか受給できません。

受け取れる年金を少しでもプラスにする方法

年金の2階・3階部分は個人や会社でカスタマイズ

将来受給できる年金は、少しでも多いほうがやっぱり安心。そのための制度も実は充実していて、会社員の場合は3階建ての3階部分として、会社が従業員に年金を支払う「企業年金」を利用できる場合があります。

一方で1階建てしかない自営業者には、厚生年金に加入している会社員や公務員との年金の差額を解消することを目的に、こちらも国がさまざまな制度を用意しています。これらの**仕組みを理解して、効率よく年金を上乗せしていきましょう。**

“プラスオン”はよりどりみどり

厚生年金や国民年金にプラスできる主な制度は以下の通り。iDeCo（個人型確定拠出年金）はP96以降をチェック！

自営業者は国民年金にプラスする

1階建てが基本の自営業者は、以下のような制度を利用するなどして、老後資金を個人で準備しましょう。どれも掛け金が全額所得控除になるので、節税対策にもなります。

付加年金

国民年金の保険料に一律400円を上乗せして納めると、年金が増額する制度。具体的には「200円×納付月数」が年金に毎年加算され、亡くなるまで受け取ることができます。

●**加入できる人**　第1号被保険者（自営業など）と任意加入被保険者（60歳までに老齢基礎年金の受給資格期間を満たしていなかったり、満額に足りなかったりした人が加入可能）

国民年金基金

国民年金に上乗せして「2階建て」にできる公的な年金制度。掛け金の上限は月6万8,000円で、給付のタイプと加入口数を選びます。iDeCoにも加入している場合の掛け金は、合計で6万8,000円以内。

●**加入できる人**　第1号被保険者のみ。付加年金に加入していないことが条件。

小規模企業共済

個人事業主や小規模な会社の役員が積み立てて、退職や事業を廃止したときに受け取ることのできる共済制度。掛け金は月1,000円〜7万円の範囲で500円ごとに設定できます。

●**加入できる人**　従業員が20人以下（サービス業は5人以下）の個人事業主（フリーランス）または会社の役員

会社員は会社の制度を活用しよう

会社が制度を導入している場合に加入が可能。従業員になった時点で自動的に加入していることもあるので、自分の会社にどんな企業年金があるのか確認してみましょう。

確定給付企業年金

将来給付される金額が最初から確定している企業年金。会社が一括して運用を行い、運用のリスクは会社が負います。会社によっては、従業員に保険料を負担させるケースも。

厚生年金基金

厚生年金保険料の一部を会社が代行して管理・運用。会社が加入している場合、従業員は自動的に加入します。

企業型確定拠出年金

指定された金融商品のなかから自分で選んで運用します。掛け金は会社が負担してくれるものの、運用は自己責任なので、資産が減ってしまう恐れも。会社の規定によってはiDeCoとの併用ができません。

確定拠出年金には企業型と個人型があり、iDeCo（P96〜参照）は個人型。企業型に入っていて、iDeCoにも興味のある人は会社に確認を。ほかにも年金を自分で貯める方法として、民間の保険会社の個人年金保険などもありますよ。

国民年金が払えないときは「免除」と「猶予」で乗り切る

このところ仕事が減って去年の半分くらい。国民年金の保険料が払えないの…
ええ!! 免除の手続きをすれば?
市役所
免除してもらえるかな?
相談してみよう!

デメリットの多い「未納」を回避するための方法は?

フリーランスは収入が不安定になりがちなので、毎月支払う国民年金の保険料が家計を圧迫することも。あるいは会社を辞めて独立したり、事情があってしばらく働けないときも厚生年金から国民年金へ切り替える必要がありますが、**保険料を払い続けるのが経済的に厳しくなることも考えられます。何も手続きをしないで支払いを怠ると、「未納」として扱われて年金がもらえないなど、さまざまなデメリット**が。そんなときは保険料支払いの「免除」や「猶予」という手続きで乗り切りましょう。

免除と猶予を詳しく紹介

一見似ていて混同しがちな、免除と猶予。手続きは それほど難しくないので、困ったときはぜひ活用を！

猶予

学生が受けられる「学生納付特例制度」と、50歳未満の低所得者を対象とした「納付猶予制度」の2種類。猶予とは支払う時期を先送りできることです。世帯全体の所得で判断される免除と違って、猶予は本人または配偶者の所得で判断されるので、免除よりもハードルが低いのが特徴。ただし猶予期間は年金額に反映されないため、年金の受け取り額は免除の場合よりも減ってしまいます。

免除

所得が低くなったり、失業して保険料を納めることが難しい場合、納付を免除（減額）できます。免除額は所得に応じて、全額、4分の3、半額、4分の1の4種類。免除期間中も、保険料を一定の割合支払ったことになるのがメリット。ただし世帯全体の所得で判断するので、自分の所得が低くても同居している親の所得が基準を超える場合などは免除の対象になりません。

「追納」で後から払うことも

免除や猶予された期間は、保険料を全額納付した場合と比べて年金額が低くなってしまいますが、10年以内であれば後から納めることも可能です。

手続きの仕方

住民登録をしている年金事務所の国民年金担当窓口に申請書を提出します。郵送での手続きも可能で、申請書は日本年金機構のウェブサイトからプリントアウトすることができます。

●必ず必要なもの

国民年金手帳
または
基礎年金番号通知書

年金手帳

追納のほかに、免除や猶予の手続きをせずに未納にしていた保険料を、さかのぼって納めることのできる「後納」という制度もありますよ。

●場合によって必要なもの

前年（または前々年）所得を証明する書類、雇用保険受給資格者証の写しまたは雇用保険被保険者離職票等の写し（失業等による申請の場合）など

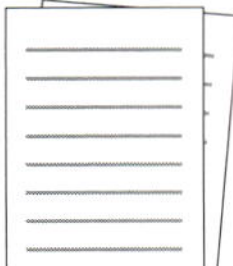

教えて 年金Q&A

年金にまつわる素朴な疑問にお答えします。年金制度は今後も変更することが予測されるので、アンテナを張っておきましょう。

Q 65歳になったら自動的にもらえるの？

A 老齢基礎年金は受給開始年齢になったら自動的に支給が始まるわけではなく、**年金を受けるための手続きを自分で行わなければいけません。**年金がもらえる年齢になる誕生月の3カ月前に送られてくる「年金請求書」に必要事項を記入して、年金を受け取る金融機関の証明印をもらい、誕生日を迎えたら必要書類とともに年金請求書を提出します。

Q 自分がどれくらい納めたのかを知る方法は？

A **誕生日月に日本年金機構から毎年送られてくる、「ねんきん定期便」**というはがきをご存じでしょうか（35歳、45歳、59歳には封書で送付）。**50歳未満の人のねんきん定期便には、国民年金・厚生年金などの加入月数、保険料の納付額、最近の月別の納付状況などが記載**されています。転職したり、種別が変わったりしたときは納付漏れが発生しやすいので、その都度チェックしましょう。

Q 65歳より前に受け取ることはできる？

A 老齢基礎年金は基本的には65歳から支給が始まりますが、**一定の条件を満たしていると「繰り上げ受給」といって60歳から年金を受給したり、反対に「繰り下げ受給」といって受給開始の年齢を遅らせることもできます。**繰り上げ受給は早く受け取れる代わりに、減額などのデメリットがあるので慎重に判断しましょう。

たとえば 70歳まで遅らせて「繰り下げ受給した場合」

受給を1カ月遅らせると0.7％増額されるので、70歳の誕生日まで繰り下げ受給すると「0.7％×12カ月×5年」で42％の増額に。増額された年金額は一生涯続きます。ただし、遺族基礎年金や障害基礎年金を受給している人は、繰り下げ受給ができません。

たとえば 60歳に早めて「繰り上げ受給」した場合

受給を1カ月早めると0.5％減額されるので、60歳の誕生日に繰り上げ受給すると「0.5％×12カ月×5年」で30％の減額になり、それが一生涯続きます。さらに障害基礎年金や寡婦年金を請求できなくなるなどのデメリットも。

Q 自分が年金をいくら受給できるか調べる方法は？

A **「ねんきんネット」というウェブサイトに登録**すると、「このまま働いた場合、何歳から、どのくらい年金を受け取れるか」など人生設計に応じた条件に基づいて、**将来の年金見込額をいつでも試算することができます。**ただし年金制度は経済の状況などで変化していくものなので、あくまでも目安として参考にしましょう。

ねんきんネット
https://www.nenkin.go.jp

登録のしかた

利用登録には、基礎年金番号、メールアドレスが必要なので、年金手帳や年金証書など基礎年金番号が確認できるものを用意しましょう。

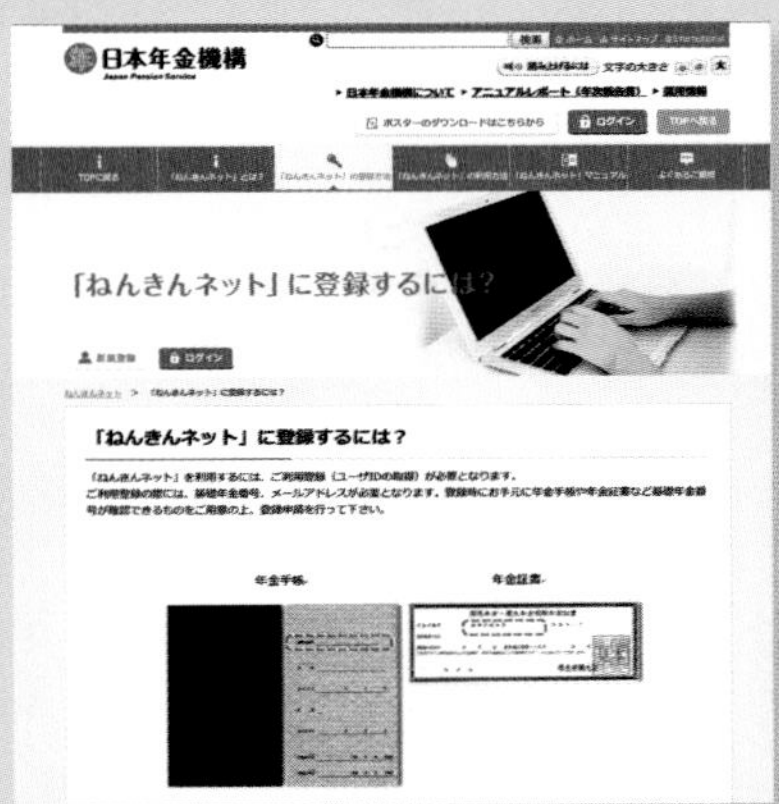

Q 会社を辞めたら年金はどうなるの？

A 次の会社にしばらく転職しない場合は、**厚生年金から国民年金に切り替える必要があり**、種別変更の手続きをして自分で保険料を納付しなければいけません。結婚を理由に退職して、会社員・公務員の扶養に入る場合は、第3号被保険者になるので、保険料を納める必要はありませんが、種別変更の手続きを。**再就職をしたときは、転職先の会社へ年金手帳を提出して、厚生年金の加入手続きを行ってもらいましょう。**

Q 年金手帳をなくしたら再発行できますか？

A **年金手帳は、自分の基礎年金番号の確認のためや、自分の履歴を知るためのもの。**年金手帳をなくしたり、き損してしまったときは、**再発行してもらうことができます。**手続き場所は、国民年金を納めている第1号被保険者は現住所のある市区町村役場。厚生年金を納めている第2号被保険者と扶養されている第3号被保険者は、勤め先の会社を通して年金事務所で行います。

貯蓄の基本

貯める金額と時期を具体的にイメージする

いくらお金を貯めても不安はゼロにならない!?

あなたはなぜ、お金を貯めたいと思っているのでしょうか？ 旅行や留学、家を買うためなど具体的な目標がある人もいるかもしれませんが、「将来が不安だから」とか「いざというときに困らないよう」に貯蓄をしておかなければ……と闇雲に焦っている人もいるのではないでしょうか。もちろん将来に備えてお金を貯めることは大切ですが、漠然と貯め続けるのは難しく、またいくら貯めてもゴールが見えなければ、不安はなくなりません。

お金を貯めるための心がまえとし

目標＆目的を決めることが大切

目標＆目的を決めると、それを実現させるためには、どのくらいお金を貯めなければいけないかが見えてきます。

単に「お金を貯めたい」と思うだけでは、モチベーションがあがりません。

具体的に目標を決めると、お金を貯めることが楽しくなります。

年収に合わせて貯蓄額を決める

無理なく続けられる貯蓄額の目安は、月収の10%。ただし「実家暮らしで家賃がかからないので、貯蓄額をもう少し増やして30%にする」など、自分のライフスタイルに合った割合に調整していきましょう。

●月額貯金額の目標の目安

手取り月収	月額貯蓄額の目標
10万円	1〜3万円
20万円	2〜6万円
30万円	3〜9万円
40万円	4〜12万円
50万円	5〜15万円

て大切なのは、なんのためにお金を貯めるのか、目的を明確にすることです。そして具体的な金額をいつまでに貯めるか、貯蓄計画を作りましょう。たとえば「3年で100万円貯めて、留学をする！」というふうに目標を具体的にすると、モチベーションがぐんとアップします。「将来のために」など目的が漠然としている場合でも、**「○年後に○円」というふうに、目標金額と期限を必ず設けるように**しましょう。

ポイント
貯める金額は目的に合わせて設定を。目指す方向が決まるとやる気がわきますよ！

大きな目標を達成するためにまずは小さい目標をクリアする

大きな目標も細かく刻めば実現可能に！

シングル女子は結婚やマイホーム購入などの大きなライフイベントが比較的少ないため、貯蓄をしようと思っても目標やゴールを設定しづらいかもしれません。しかし**ゴールの見えない貯蓄は、地図を持たずに森の中をさまようようなもの。**

目標は具体的なほうがいいという話をしましたが、**大きな目標を達成するためのコツは、小さな目標を地道にクリアしていくこと。**たとえば「100万円を3年で貯める」という目標を立てたとしましょう。最終的な目標金額だけを見ると、気が遠

成功体験を積み上げると自信がつく！

貯蓄は成果が目に見えやすいのがメリットといえます。達成できた喜びをさらなる自信へつなげましょう。

貯まっていく通帳をチェック!

貯蓄専用の口座を作り（P50～51参照）、右肩上がりの通帳残高を定期的に眺めてみましょう。それだけでうれしくなり、モチベーションを維持できます。

そのためには……

- 月に一度は記帳をする
- 過去の通帳もなるべく保管

「達成したこと」を手帳にメモ

些細なことでもかまわないので、お金に関することを振り返って達成できたと思うことを手帳にメモ。リストがどんどん貯まっていくと、「自分もやればできる！」と前向きになり、貯蓄の成功へとつながります。

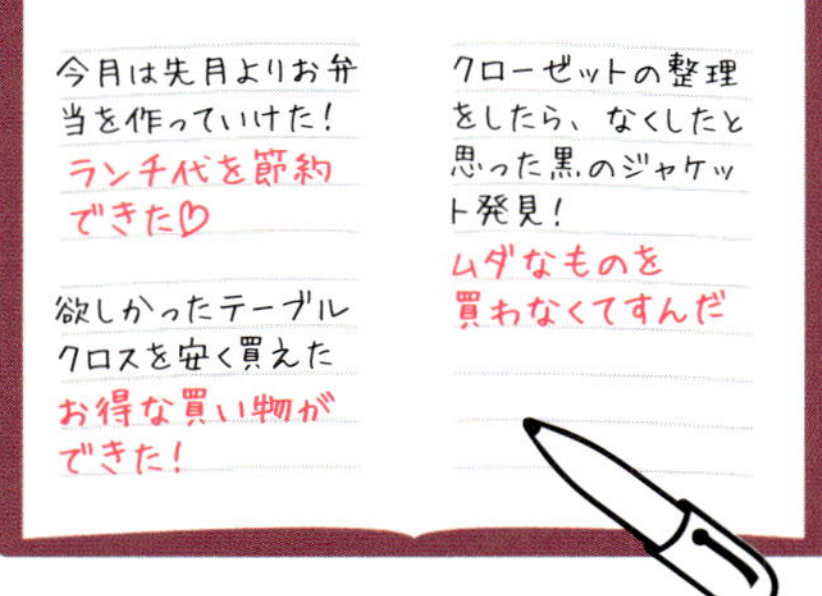

今月は先月よりお弁当を作っていけた！
ランチ代を節約できた♡
欲しかったテーブルクロスを安く買えた
お得な買い物ができた！
クローゼットの整理をしたら、なくしたと思った黒のジャケット発見！
ムダなものを買わなくてすんだ

くなるかもしれませんが、1年だったら33万円、1カ月だと2万8000円、1週間だと7000円というふうに細かく分けて考えてみてください。目標が現実味を帯びてくるだけでなく、**ゴールまでどのくらいの道のりなのかも目に見えやすくなります**。1週間で7000円を捻出するために、「今週は外飲みをやめて、家飲みにしよう」などと行動も変わり、目標が達成しやすくなります。

小さな目標でも達成すると自信がつき、自分を認められます。心が安定すると衝動買いがなくなり、生活や仕事面でもいい状態をキープできるようになりますよ。

ポイント
お金が貯まってる！と思うとなんだか自信がついてきて、達成感があるわ——！

「後から」と思うと貯まりません。貯蓄は「先に」が鉄則なんです

収入と貯蓄額は関係なし！まずは貯める仕組み作りから

「もう少しお給料がよければ、お金を貯められるのに……」と、貯蓄ができないことを現在の収入のせいにしていませんか？　収入が低くても貯め上手の人もいれば、年収1000万円以上でも、貯金がほとんどないような人もいます。**自由に使えるお金の割合が比較的多い、独身時代こそ貯めどき。年収の高い低いは関係なく、貯まる仕組みをきちんと作ることが大切**なのです。

たとえば給料が振り込まれたら、家賃や光熱費など毎月かかるお金を振りこみ、予算を決めずに食費やお

「給料天引き」の代表といえば財形貯蓄

勤め先が導入しているなら、財形貯蓄制度の利用を。
給料から天引きされるので、貯蓄が苦手な人にぴったり！

財形貯蓄制度

勤務先が金融機関と提携して、給料やボーナスから天引きでお金を貯める制度。これを導入している勤め先の会社員・公務員が対象。勤務期間などの条件をクリアすれば、契約社員や派遣社員、パートタイマーでも利用することができます。

メリット　強制的にお金を貯められるのが、最大のメリット。住宅財形と年金財形は、合計550万円まで利子が非課税に。

デメリット　退職したときの手続きが少々面倒。転職先が財形貯蓄制度を導入していなければ、基本的に続けることができません。

タイプは3種類

一般財形貯蓄
使用目的を限定しないで、自由に使える貯蓄。開始から1年たてば、いつでも払い出しが可能です。

財形住宅貯蓄
マイホームの購入など、住まいの資金作りが目的。床面積、中古住宅の築年数などに条件があります。

財形年金貯蓄
年金として受け取るための資金作りが目的。60歳以降、5〜20年の間に受け取ることができます。

積み立て定期預金を利用しても！
勤め先が財形を導入していなくても、定期預金などの自動積み立てを利用すれば、楽に貯めることが！　給料日を引き落とし日に設定すれば、財形とほぼ同じ感覚で貯蓄ができます。

小遣いなどをその都度使い、最終的に残ったお金を貯めよう、と考えていないでしょうか。

残った分を「後から」貯めようと思っても、少し残る月もあれば、全然残らない月もあったりして、お金は一向に貯まりません。**「先に」貯蓄へ回すのが、貯め上手になる第一歩**なのです。

そのための具体的な方法が、給料からの天引きや自動積み立て。「先に」貯蓄をしておいて、残りのお金でやりくりするのが賢く、無理のない貯蓄です。勤務先の財形貯蓄制度や、給料の口座から指定した日に自動的に振り替えられる、自動積み立て定期預金などを利用してみてください。いつの間にか貯まっている楽しみを味わえますよ！

貯め上手になる

貯蓄の基本

口座はひとつじゃダメ！2つに分けるのが必勝法

貯める口座を作れば、残高を見るのが怖くない！

給料が振り込まれる口座しか活用してない人は多いと思いますが、そこで貯めようとしてもなかなかうまくいかないもの。頭の中で収入や支出を計算しているつもりでも、つい使いすぎてしまうからです。この**貯まらないスパイラルから抜け出すためにも、「使う口座」と「貯める口座」の2つに分けて**みましょう。お給料を全部使ってしまうことがないように、使えるお金に制限をもたせるのです。

給料が振り込まれるところを「使う口座」にして、家賃や水光熱費、

お金を貯められる人は口座を2つ持っている！

こんなに簡単なのに、使える額も貯蓄額もわかって
いいことづくし。口座を制する者は貯蓄を制す！

1

家賃などの固定費や生活費、おこづかいなどを入れる口座。特別な出費もここからまかなえるよう、少し多めに入れておくと安心です。

2

月々決まった額を貯めていく口座。新しく銀行口座を契約するのが面倒な人は、まったく使っていない休眠口座を復活させても。

慣れてきたら、目的別に分けるのもあり！

さらに貯める口座を「旅行用」「住宅用」「老後用」など目的別に分けて、それぞれに合った金融商品を選ぶと、効率よく貯めることができます(P53参照)。

クレジットカードの支払い、生活費、おこづかいなどをここにストックしておきます。**「貯める口座」は基本的に引き出しを一切せず、給料日に先取りする形で、毎月決まった額を入れるように**しましょう。前ページで紹介した財形貯蓄や自動積立定期預金を、「貯める口座」として考えてももちろんＯＫ。自分で口座から口座へお金を移動させると、つい忘れてしまったり、「今月はまあいっか」となってしまうので、振替日を設定するなど自動的に貯まるようにしておくことがポイントです。

ポイント
貯める専用口座をもつことは、「お金を貯めるぞ」という覚悟の表れでもあるのです。

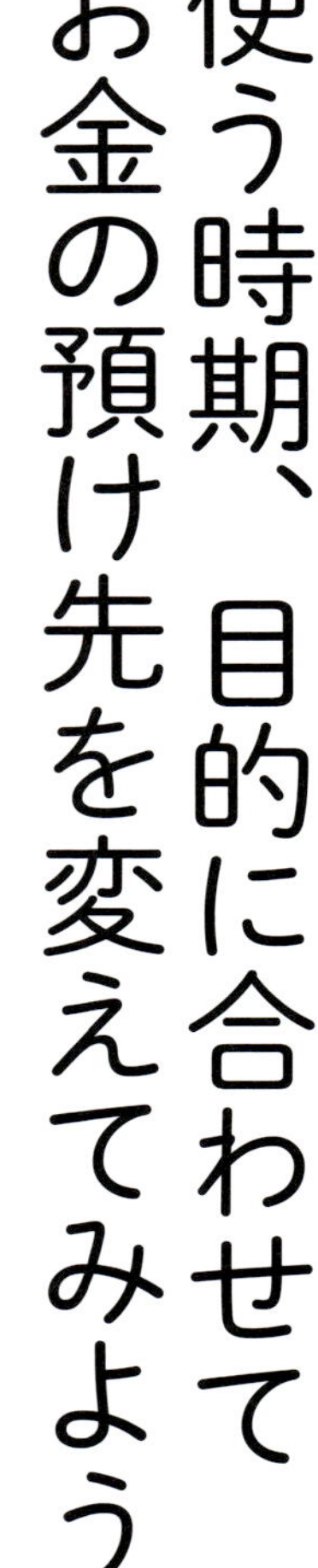

使う時期、目的に合わせてお金の預け先を変えてみよう

短期・中期・長期とりそろえると安心

効率的に貯めるためには使う時期にも注目を！

「使う口座」と「貯める口座」の2つに分ける習慣が身についたら、**次に注目すべきポイントは「使う時期と目的」**。たとえば3年後に旅行するために貯めているお金と、老後資金として貯めるお金とでは、預けておく期間がかなり違います。金融商品（預金や国債など、金融機関が扱う商品）にはそれぞれ利便性や収益性などメリット・デメリットがあるので、**目的や使う時期によって預け先を変えると、より効率的にお金を貯めることができる**のです。

具体的には、家賃や生活費など**「使**

お金の預け先にも「適材適所」がある

何年後、何のために、どのくらい必要か、貯蓄の目的を明確にして、預け先を振り分けてみましょう。

	短期	中期	長期
お金の用途	**日々出入りするお金 緊急予備資金** 住居費 食費 光熱費　など	**使途が決まっているお金** 旅行用 資格取得用 結婚費用　など	**しばらく手をつけないお金** 退職後の生活費 いざというときの備え など
性格	出し入れしやすい 	貯める目的 	増やす目的 
金融商品の一例	普通預金など	財形貯蓄 定期預金 個人向け国債　など	投資信託 確定拠出年金　など

貯蓄の目的を明確にする ➡ **何年後** **何のために** **どのくらい必要か**

う口座」に入れておくようなお金は、**金利は低くても出し入れのしやすい普通口座**が適しています。旅行など**5年以内を目安に使うお金は、着実に貯められる財形貯蓄や定期預金**を。**老後やいざというときのための当分手をつける予定のないお金は、一定期間引き出せないデメリットはあるものの、運用して金利で増やせる投資信託などの金融商品**がベター。

シングル女子は自由に使えるお金が多いからこそ、目的別にいくら貯めたいかシミュレーションして、預け先を整理してみましょう。

実現させたい金額の目安

実現させたい夢	目安の金額
語学留学（短期）	50～110万円
大学留学（1学年）	200～300万円
海外旅行	10～20万円
結婚式	300～350万円

※地域や内容によっても異なります。

あなたの夢は？

	万円
	万円
	万円
	万円

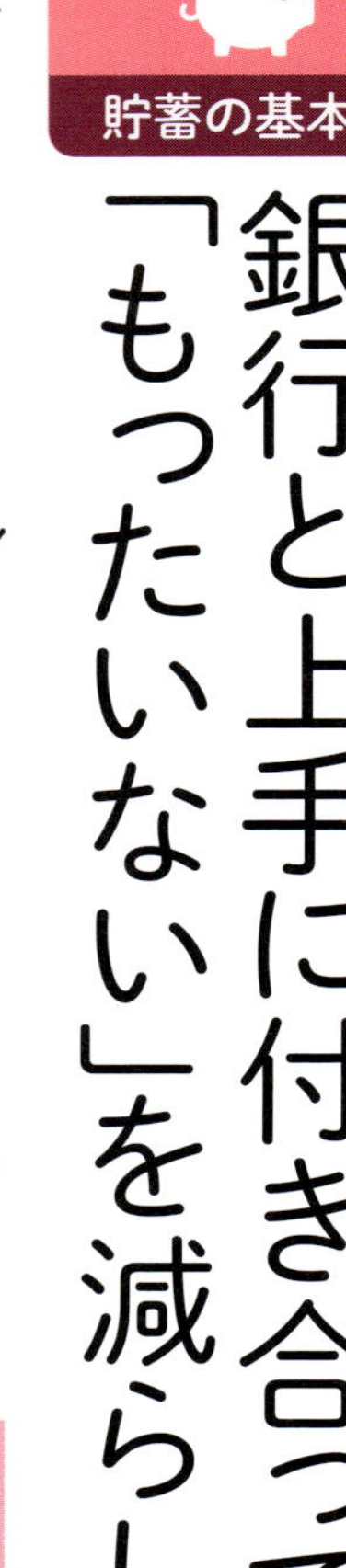

銀行と上手に付き合って「もったいない」を減らしていく

チリも積もれば山となる手数料という名の出費

超低金利時代といわれるなか、メガバンクをはじめとする多くの銀行は、普通預金の金利を0．001％にまで下げています。これは単純計算で100万円を預けたとしても、1年間にたったの10円しか利息がつかないことを意味しています。その一方で、コンビニのATMなどでお金を引き出すときの手数料は、100円、200円単位でかかり、振込手数料にいたってはもっとかかることも。**忙しいシングル女子は便利さを優先させて、手数料を気にしていないかもしれませんが、これこそ払**

銀行との上手な付き合い方

お金を預けるのは、どこも同じと思っていませんか？
賢い銀行の選び方＆使い方を紹介します

1,000万円以上は同じ銀行に預けない

銀行などの金融機関が破綻したら、預金者ひとりにつき1,000万円までの元本とその利息が保証される制度を、ペイオフといいます。逆にいうと、1,000万円以上預けていたら、1,000万円を超える部分は戻ってこない可能性もあるので注意しましょう。

営業の勧誘に安易に乗らない

銀行の営業担当から投資信託や保険の勧誘があったら、自分でしっかり検討を。銀行が積極的に売りたがる商品の中には、えてして消費者にとってそれほどメリットを感じられないものもあります。断るときは曖昧にせず、「はっきり＆きっぱり」と！

付き合う銀行を選ぶ

メイン銀行は引き出しやすさを重視

給料が振り込まれる口座は会社から指定されるケースが多いですが、自分で選べるのであれば、使い勝手を重視して。「使う口座」のように出し入れの多いものは、自宅や会社の近くに支店がある銀行を選びましょう。

ネット銀行を利用するのもひとつの手

すでに口座を持っている銀行との相性や、実店舗の有無、手数料、金利などをチェックして選びましょう。入出金するだけでポイントが貯まるものや、よく行くコンビニと提携しているものなどがおすすめです。

わないですむお金といえます。

銀行も選択肢が広がっていますが、なんとなく決めるのではなく、**自分にとっての使いやすさや、どういった目的で使いたいのかをきちんと考えたうえで口座を開設しましょう。**転職した人などは、前の会社で指定されて作ったものの、今はまったく使っていないような休眠口座を持っているかもしれません。銀行によっては口座管理手数料を取るところもあるので要注意です。

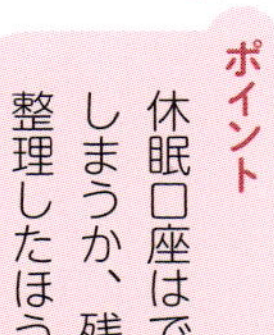

ポイント
休眠口座はできれば解約してしまうか、残高をゼロにして整理したほうが安心です。

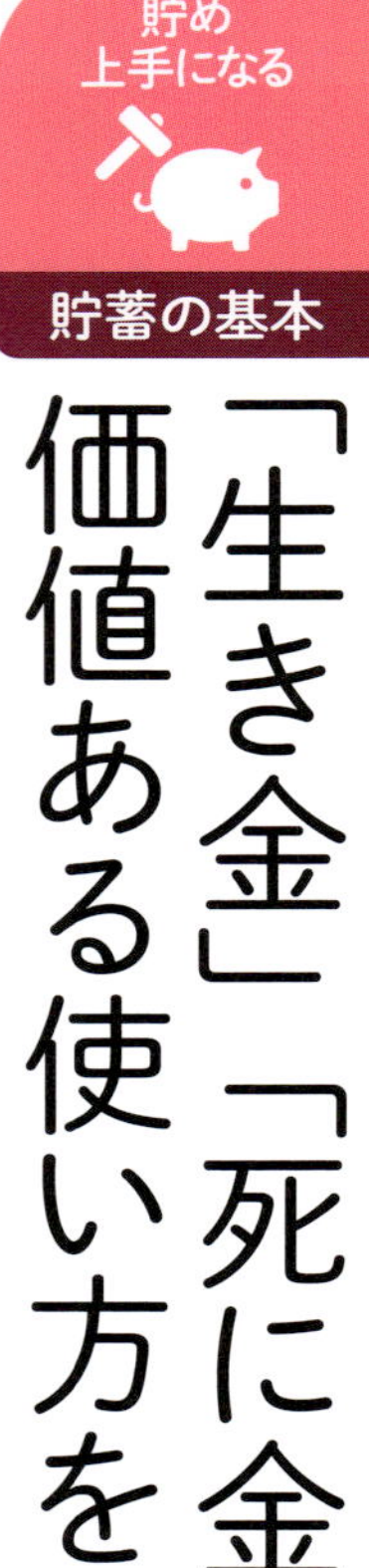

「生き金」「死に金」に分けて価値ある使い方を！

月に1度の大好きなワイン会。幸せ！
おいしー
お誕生日おめでとう！
ありがと〜〜
Happy Birthday

こういう幸せな気持ちになるのは
「生き金」です

そのお金の使い方、本当に満足できていますか？

いくらお金を貯めたいからといっても、やりたいことやほしいものを我慢し続けるのは限度があります。それに**お金を使う行為そのものは、決して悪いことではありません。注意すべきなのはむしろ使い方**で、その観点から「生き金」と「死に金」に大きく分けることができます。

生き金とは、自分にとって価値のある生きたお金の使い方で、たとえば思い切って高価な服を買って、仕事をがんばろうと前向きになれるようなこと。反対に**死に金は、使わないにこしたことのなかった、価値を**

「生き金」と「死に金」の区別のしかた

生き金になるか死に金になるかは、その人の価値観が大いに反映されます。あなたにとって大事なことは…？

自分の周りの人を幸せにするお金の使い方。投じたお金の何倍もの価値にふくらむような、生きたお金。

たとえば…
新たな人脈を築けた飲み会
両親に温泉旅行をプレゼント

使わなくても一向に不自由がなかったり、価値や満足感を見いだせないような使い方。

たとえば…
断れずにイヤイヤ行く飲み会
急いでいないのに乗るタクシー

自分と向き合えば生き金が見えてくる!

普段どんなことに重きを置いて、何を大事にして生きているのか客観視することで、自分にとっての生き金がわかるようになります。

こんなことをイメージ！

どんな人生を送りたいか
大切な人
好きなこと
大切にしているもの
幸せを感じるとき

感じられない使い方で、同じ洋服でも衝動買いをして、タンスのこやしになっているようなこと。人によって価値観は異なるので、服を買うことが生き金になる人もいれば、死に金になる人もいるのが面白いところといえますが、**貯め上手になるためには死に金を極力減らしていくべき**。

これまでのお金の使い方を振り返って死に金にメスを入れ、自分や周りの人がハッピーになれるような使い方に変えていきたいものです。

お金の大きな流れを把握していくら使っているかをチェック!

収入と支出のバランス取れてますか?

日々のお金の使い方には、その人の生き方が現れやすいもの。SNSにはおいしいものやステキな場所の写真があふれている現代は、自分も周りの人にうらやましがられたいとか、認められたいという見栄や欲求をお金で解決してしまう人もいるようです。そういった死に金がかさんで貯蓄できないのは、やっぱり問題。お金を貯めるには仕組みを作ることが大事だと先に触れましたが(P44~53参照)、収入よりも出ていくお金のほうが大きければ、月々の赤字が家計を圧迫してその仕組みはいつ

毎月の大きなお金の流れを知る

1カ月の収入と大まかな固定支出、天引きの貯蓄など書き出してみましょう。
自由に使えるお金はいくらになりますか？

手取り収入
円

㊀ マイナス

貯　蓄	
財形	円
	円
	円

固定費	
家賃	円
光熱費	円
通信費	円
保険料	円

残りは　　円

ここが"自由に"使うことのできるお金
収入から固定費や貯蓄を引いた部分が、食費や交際費、美容費、おこづかいなどにあてることのできるお金。月によって額が変わるので変動費といいます。

か破綻してしまいます。**何にどのくらいお金を使っているのか現状を把握することは、貯まる仕組みを作るうえでも大切**なのです。

といっても、振り返り方はとても簡単。**過去1カ月分の通帳やクレジットカードの明細などを見直して、家賃や光熱費、保険料など毎月必ず出ていくお金（固定費）や貯蓄を書き出してみて**ください。収入から固定費を引いて残ったお金は、どんなふうに使っているでしょう。**現状を知ることで問題点が見えてきますよ。**

ポイント
貯蓄はダイエットと似ていて、現状をチェックして受け入れるところから始まります。

「理想の家計割合」4対4対2に合わせて、家計を見てみる

家計とは間取りのようなものです

何にいくら使うのか家計費はバランスが大事

貯蓄を先取りする場合、毎月の額をどのように決めるのかという問題が出てきます。たくさん貯蓄に回したら、将来的にはそのぶん楽になるかもしれませんが、今の生活が苦しくなってしまいます。**無理なく貯蓄を続けていくためにも、「家計割合」を決めることが大切**なのです。

家計割合とは、何にいくら使うのか、費用の割合を決めることですが、部屋の間取りで考えるとわかりやすいかもしれません。たとえばいくら料理が好きだからといって、限られたスペースのなかでキッチンを必要

家計割合を算出してみよう

4：4：2の家計割合の大まかな内訳を、手取り月収25万円と20万円でシミュレーションしてみましょう。

	出費と家計割合	手取り25万	手取り20万
4 固定費	住居費 25〜30%	62,500〜75,000円	50,000〜60,000円
	水道光熱費 5%	12,500円	10,000円
	通信費 3%	7,500円	6,000円
	保険 2%	5,000円	4,000円
4 変動費	食費 15%	37,500円	30,000円
	おこづかい 15%	37,500円	30,000円
	その他 10〜15%	25,000〜37,500円	20,000〜30,000円
2 貯蓄など	貯蓄 10%	25,000円	20,000円
	特別支出 10%	25,000円	20,000円

特別支出は、帰省代やパソコンの修理代、冠婚葬祭など、毎月発生しない年間で出ていく支出のこと。ボーナスがあるなら、特別費はボーナスから出すのがベスト。ボーナスのない人は、月々積み立てていきましょう。

※住居費について
一般的には25%が適当とされていますが、東京近郊に住んでいる場合は、手取りの30%くらいでもOKです。

以上に大きくしたら、リビングなどが狭くなって、暮らしにくい間取りになってしまいます。これと一緒で家計もバランスがとても大事で、固定費、変動費、貯蓄という間取りに大きく分けてみましょう。家計割合は、年代やライフスタイルによって異なるものですが、**30代のシングル女子だと、固定費4：変動費4：貯蓄2くらいが理想**。自分の価値観と照らし合わせて、理想の家計割合を決めていきましょう。

●理想の家計割合を書こう●

	項目	金額
固定費	住居費	円
	水道光熱費	円
	通信費	円
	保険	円
変動費	食費	円
	おこづかい	円
	その他	円
貯蓄など	貯蓄	円
	特別支出	円

家計簿は1カ月だけでもOK！ただし1週間ごとに記入すること

お金の使い方を可視化して修正点をチェックします

家計簿は、貯め上手のマストアイテムといえます。しかし家計簿をつけることに苦手意識がある人も多いようです。家計簿をつける目的は、自分が稼いだお金を何にいくら使っているのか可視化して、把握すること。それさえできればOKなので、**まずは1カ月だけでも家計簿をつけてみて**ください。この間、クレジットカード払いは極力控えましょう。

注意点は、1カ月分をまとめて計算するのではなく、〝フレッシュ〟なうちに計算すること。レシートがたまるほど計算するのが面倒になって

短いスパンでお金の使い方を振り返る

家計簿は細かく記録しなくても大丈夫。1カ月続けて、お金の使い方を把握することが一番の目的です。

書きとめるのは3つの変動費のみ！

少なくとも週1ペースで確認すること

「食費」「おこづかい」「その他」の3つに振り分けてレシートを整理します。

食費

- スーパーなどでの買い物
- ランチなど

シングル女子は食費とおこづかいにお金を使いがちなので、要チェック！

その他

- 交通費
- 医療費
- プレゼント代

おこづかい

- 飲み会
- 映画代
- コスメ・ファッションなど

しまうので、何を買ったのかきちんと覚えているうちに、まとめることが鉄則です。毎日寝る前にレシートをチェックするなど、習慣化できたらベストですが、**最低でも1週間に1回のペースで集計しましょう。1カ月分の家計簿と理想の家計割合（P61参照）を照らし合わせると、どこを修正するべきかが具体的に見えてきます**。月々の予算を意識して、メリハリをつけながらお金を使う感覚が身についてきたら、家計簿はいつの間にか不要になりますよ。

家計簿のつけ方

家計簿はどうやってつけるのでしょうか？　レシートには品目が細かく記されていますが、「食費・おこづかい・その他」の合計金額を記録するだけでOK。家計簿をつけるアイテムは、手帳やカレンダー、エクセルなどの表計算ソフトなど、自分が使いやすいものを使いましょう。

毎月必ずかかる固定費を見直してみる

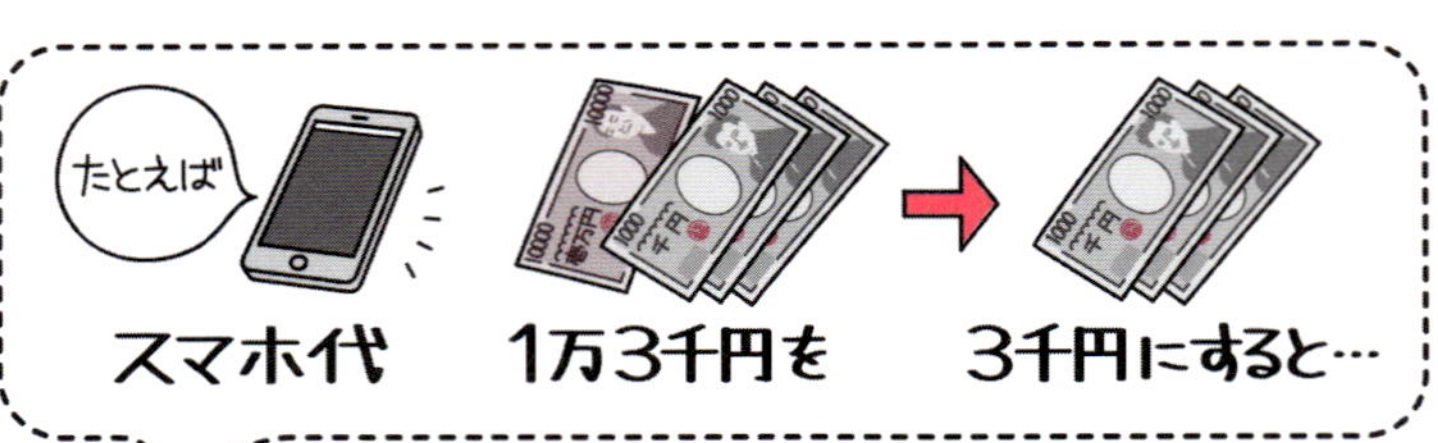

1万円 ×12ヵ月＝

年間で12万円のビッグな節約に!!

「しかたがない」部分にも意外と無駄が隠れています

家計の大きな流れが分かったら、いよいよ節約に取り組みましょう。家賃や水道光熱費、保険料、通信費など、自動引き落としなどで出ていく**固定費は、毎月どうしてもかかってしまうお金**といえます。「どうせかかるものなんだし、しかたがない」と思っているだけに、割高な料金プランを選択していたりと、意外と無駄に気づきにくかったりもします。家計割合でいうと、固定費は収入の4割程度が理想。**毎月かかる金額だけに一度下げると大幅ダウンできます**。

固定費の節約術

毎月かかる固定費もちょっとした工夫をしたり
見直したりすることで、大幅な節約が可能です。

固定費

住む場所を家賃だけで決めない

家賃の安さだけで物件を選ぼうとせず、その自治体が力を入れているサービスにも目を向けましょう。補助金や助成金があるかどうか、図書館やトレーニングジムなどが利用しやすい距離にあるかどうかも要チェック！

ネットはスマホとセットで

自宅のインターネット回線は、スマホとのセット値引きを利用するのがおすすめ。格安スマホを使っている場合も、特定の光回線とセットで利用すると割引特典があります。

格安スマホで安く済ませる!

大手キャリアから通信回線をレンタルすることで、料金を抑えている格安スマホ。月額料金が安いだけでなく、シンプルな料金体系や契約期間の縛りが少ないことがメリット。

カーシェアリングを上手に活用

特定の自動車を会員が共有して、24時間好きなときに利用できるカーシェアリング。短時間の利用であればレンタカーよりも割安なので、たまに車を使いたいという人に便利です。

水道・光熱費

部屋のサイズに適したエアコンに

エアコンのスペックが部屋のサイズに対して足りなくても、オーバーしていても、必要以上に電力を消費してしまいます。6～9畳用なら、木造住宅は6畳、鉄筋住宅は9畳が目安。

照明をLEDに替える

LEDは自然球や蛍光灯よりも少しの電力で明るい光を出すことができ、寿命も格段に長いのが特長。初期費用はかかってしまいますが、最近はLEDの照明器具も値下がりしてきています。

洗濯はまとめてする

少量をこまめに洗濯するよりは、ある程度まとめて洗濯するほうが水道代と電気代の節約に。ただし洗濯容量を超えると、負荷がかかって無駄な電気を消費するので要注意です。

電気のアンペアを変更する

一度に大きな電力を使わないようにして、契約しているアンペア数を下げれば、電気代の基本料金を抑えることが可能。ただし関西電力などはアンペア制が導入されていないため、このような変更はできません。

電力会社の見直し

電力自由化によって、ライフスタイルに合わせてお得な電力会社を選べるようになっています。電力会社はさまざまなプランを打ち出していて、電気代だけでなく、スマホ代やガソリン代が安くなるような特典も。

冷蔵庫は壁から適度に離して設置

冷蔵庫が壁や棚にくっつきすぎていたり、上にものを置いたりすると放熱がうまくできず、余計な電気消費が。温度設定を季節に合わせて変えることでも、電気代を節約できます。

トイレの温水洗浄はこまめにオフ

温水洗浄の電源をONにしたまま長時間使わないのは、避けたいところ。つけっぱなしにするのであれば「弱」にして、便座のフタを閉めて熱を逃さないようにしましょう。

シーズンオフの待機電力カット

節電テクのひとつに待機電力のカットがあります。頻繁にカットするのは面倒でも、シーズンオフ時のカットならできるはず。しばらくエアコンを使わないときなどは、コンセントを抜いておきましょう。

エアコンと扇風機を併用

消費電力の多いエアコンは、扇風機やサーキュレーターと併用すると電気代がかなり下がるだけでなく、エアコンの冷気を扇風機が循環させるため、体感温度が涼しくなります。

貯め上手になる
節約

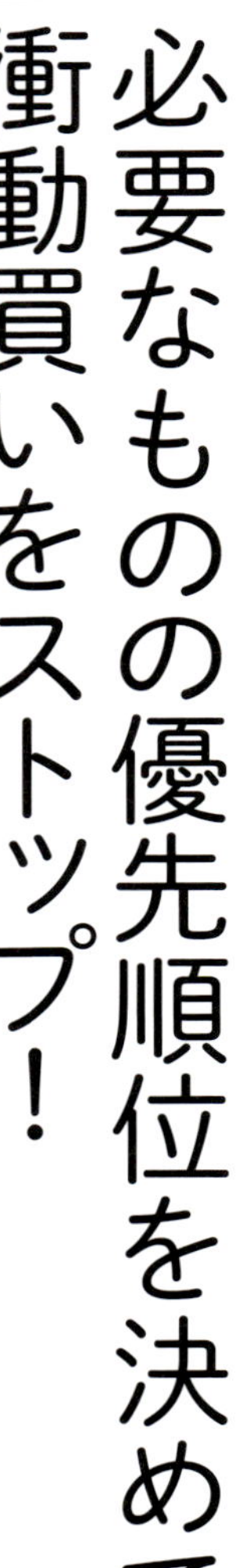

必要なものの優先順位を決めて衝動買いをストップ！

買う前に立ち止まるのが ガラクタを増やさないコツ

「ほしいものリスト」を作ったことのある人は多いと思いますが、「必要なもの」と「ほしいもの」はそもそも別。同じように見えて、自分のなかでの重要度も違っているはずです。「生き金」「死に金」の話をしましたが（P56参照）、死に金を減らして生き金にしていくためには、**買おうとしているものが自分にとってどのくらい必要、あるいはほしいのか冷静に判断する**ことが大切です。

必要なものやほしいものに優先順位をつけ、次に買いたいものを自分で把握できていると、ふらりと入っ

「ほしいもの」「必要なもの」を可視化する

買おうとしているものを整理し、可視化することで、どうお金を使っていけばよいかが具体的にわかります。

マトリックスの書き込み方

たとえば「黒いバッグ」を会社のルールで持たなければいけないなら、「必要なもの」としての優先度は高くなりますし、単純に黒のバッグが好きで、すでにいくつか持っているのであれば、「ほしいもの」で優先度は低くなります。表に書き込んでみて、自分の気持ちを確認してみましょう。

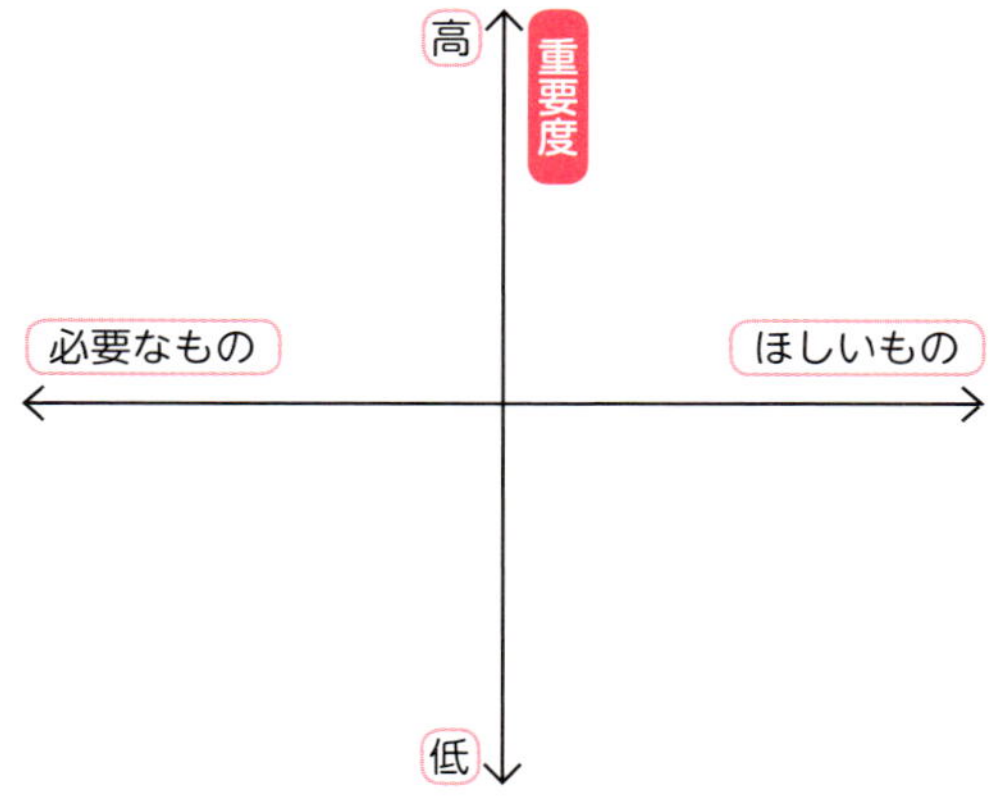

子どものときに限られたおこづかいで文房具を買おうか、マンガを買おうかと迷ったことがありませんか？　勉強に必要な文房具は「必要なもの」、楽しみのためのマンガは「ほしいもの」です。なんのためにそれを買いたいのかを、自分に問いかけて確認をしてみましょう。

たデパートやネットショッピングなどでの衝動買いを防ぐことができます。さらにいうと、**迷ったということは「買いどき」ではないのかもしれません**。本当に必要なものかどうか、少なくとも1日は寝かせてみましょう。それでもどうしてもほしいと思ったら、買いに行けばいいのです。何かを買うことで満足感を得ることはできるかもしれませんが、本当に必要なのか、買う前に一度立ち止まってみてください。

ポイント

店員さんにおすすめされるとつい買わなくちゃって思ってしまうけど、「本当に必要なのか」を冷静に判断しないといけないわね。

節約

シングル女子はファッション・美容費の使いすぎに注意！

おしゃれをするのも工夫が必要です

変動費のなかでもシングル女子が特に気をつけたいのが、洋服などのファッションや美容にかけるお金。食費などは少々節約できても、おしゃれ代を節約するのは難しいという人もいるかもしれません。しかし「あれもこれも」と使ってしまうと、あっという間に家計を圧迫して、貯金がなかなかできないことに……。**変動費の理想は、収入の4割程度。**食費や日用品、交際費などもここに含まれるので、そのうち美容費にいくら回せるのか算出して、予算内で賢くおしゃれを楽しみましょう。

ファッション&美容の節約術

お金をかけるところと抑えるところのメリハリをつけるのが、賢いおしゃれ。抑える工夫はこんなにたくさん！

ファッション

レンタル洋服を利用

数回しか着ないでタンスのこやしになっているくらいなら、「エアークローゼット」「メチャカリ」などの洋服レンタルサービスを。予算に応じて月額料金を選ぶことができます。

おしゃれ着を自宅で洗濯

ドライクリーニングの表示がついているようなおしゃれ着も、素材によっては自宅で洗えます。ただし生地を傷めて着られなくなったら節約にならないので、しっかり確認を！

フリマアプリを上手に活用

中古品をメインとしたものの売買を、個人間で気軽にできるフリマアプリ。幅広いジャンルを網羅している「メルカリ」や、ファッションに系に強い「Fril（フリル）」など。

美容

肌荒れは皮膚科に行く

肌荒れには高価な基礎化粧品…と考えがちですが、皮膚科でスキンケアアイテムを処方してもらえます。肌質に合ったものなので、市販の化粧水を買うよりもお得で効果的です。

スキンケアはライン使いしない

基礎化粧品はどのブランドもさまざまなアイテムを出していますが、同じブランドでそろえると高額になってしまいます。気になるところにお金をかけるなど、メリハリをつけて。

美容家電でお家エステ

気づいたら数十万円も使っていた…なんてことになりかねないエステ代。美顔器など美容家電を利用したり、セルフマッサージをするなど、自宅でできるケアもたくさんあります。

美容院には毎月行かない

意外とかさむ美容院代。伸びてもだらしなく見えないようなカットをオーダーしたり、カットモデルに協力したりするのもひとつの手。最近は女性向けの格安美容院も増えています。

限定コフレに惑わされないで！

人気ブランドのクリスマスコフレは、予約開始直後に売り切れてしまうことも。女子の心をくすぐるアイテムですが、本当にほしいものなのかどうか冷静に考えましょう。

ヘアカラーは専門店で

美容院でのカラーリングは高くつくけど、セルフカラーは髪が傷むのが心配という人は、ヘアカラー専門店へ。美容院よりもリーズナブルかつスピーディに仕上げてくれます。

美容院の予約はインスタで

サロン側が手数料を取られるようなフリーマガジン経由ではなく、スタイリスト個人またはサロンのインスタアカウントから直接予約をすると、割引や特典が受けられることも。

アイテムによってはプチプラも！

財布に優しいプチプラコスメは、節約女子の強い味方。口コミなどをチェックして、積極的に利用しましょう。100円ショップの美容グッズだって、今やあなどれません！

食費は「ゆる節約」で少しずつ削ろう

頑張りすぎないのが食費節約のコツ

食費は家計のなかでも削りやすく、節約している実感がわきやすい部分かもしれません。しかし10円、100円単位の節約に気を取られすぎると、健康に必要な食品までカットしてしまったり、安さに踊らされて必要以上に買い込んで食材を腐らせてしまう、なんてことになりがちです。**食費は生活するうえで最も基本的な消費なので、頑張りすぎない「ゆる節約」**でいきましょう。ダイエットと同じで、苦痛を伴う節約は長く続けることが難しく、結果的に〝リバウンド〟してしまう恐れも。

食費の節約術

**大幅に削るのではなく、無駄をなくすことを優先して。
ゆるやかな節約でも、いろんな工夫ができますよ。**

食費を節約するときの注意

食事は抜かず3食きちんと食べる

食事の量や回数を減らすと、間食が増えたりして栄養バランスが偏ってしまい、かえって悪循環です。3食しっかり食べたほうが心も体も満たされて、結果的に健全な節約へとつながります。

「安いもの探し」はほどほどに

同じ商品を少しでも安く買えるとうれしくなるものですが、スーパーを何軒も回るのは、時間の浪費ともいえます。安いからといってたくさん買うのも本末転倒。値段だけに惑わされないで。

食事

ご飯は多めに炊いて冷凍

炊飯器の保温機能を長く使ったり、毎回炊くと電気代がかかるので、一度で多めに炊き、ラップや専用の容器などに小分けして冷凍を。食べたいときに食べられるので便利です。

冷凍保存を上手に活用

納豆や食パン、肉など、ひとりだと一度に食べきるのが大変な食材は、冷凍保存で無駄なく使いましょう。あまったショウガや大根も、おろしてラップに包み、冷凍保存できます。

週に1回は冷蔵庫を整理する

食材を無駄なく使い切るためにも、週1回は冷蔵庫を整理するつもりで、あまっている食材で料理をしましょう。同様に冷凍庫は月1回くらいのペースで整理するのが理想です。

お茶は自分でわかしてMYボトルに

2Lサイズのお茶を自宅に常備するなら、自分で好きなお茶をわかして作り置きしたほうがお得。MYボトルで携帯すれば、外出先でその都度飲み物を買う必要もなくなります。

食材は週1回まとめて買う

無駄な出費を抑えることができるうえ、ダブって買ったり、使いきれず腐らせてしまうことが少なくなり、家計管理もしやすくなります。お金だけでなく、時間の節約にも！

PB商品を上手に取り入れる

大手スーパーやコンビニなどが展開しているPB（プライベート・ブランド）は、メーカー品より安いものが多く、高品質なものが増えているので、消耗品などは特におすすめ。

予算は月単位ではなく週単位

月の予算を立てて、それをさらに週単位に刻むと、買い物の計画が立てやすくなります。1カ月を5週と考え、2〜3日の短い週は調味料や保存のきくものを買うのもおすすめ。

ランチは手作り弁当で

ランチを毎回外食やコンビニで買っていたら、かなりの出費になってしまいます。前日の夕飯のおかずを多めに作っておき、翌日はお弁当にアレンジして持っていきましょう。

旅行好きな人、デパートをよく使う人におトクな積み立て

銀行よりも利回りのいい商品がこんなところに！

お金を増やす方法として「積み立て」がありますが、**旅行目的でお金を積み立てるなら、大手航空会社や旅行会社の「旅行積み立て」がおすすめ**です。月3000円または5000円から積み立てて、旅行券として受け取るのですが、**利回りが1.5〜3.0%と銀行預金よりもかなりお得**。

行きつけのデパートがある場合は、**旅行積み立てよりもさらに利回りのいい大手デパートの「デパート積み立て」を**。どちらも**預貯金のように利子に課税されないので、利息分を丸ごと受け取ることができます**。

※2018年5月現在

旅行積み立て＆デパート積み立ていろいろ

**旅行好きや、デパートをよく利用する人は要チェック！
この超低金利時代に注目すべき積み立て商品です。**

旅行の積み立てサービス

大手旅行会社や航空会社が提供している積み立て商品で、旅行の時期や予算が決まっている人、定期的に帰省をする人などにおすすめ。デメリットはコースの変更ができないこと、途中解約すると現金ではなく旅行券が戻ってくること、有効期限があることなど。

JTB「たびたびバンク 定期積立プラン」
5,000円から積み立てできる毎月払いコースと、3万円以上からの一時払いコースの2種類。積立期間は12〜60カ月。年利回りは1.75%。

ANA「ANA旅行積立プラン」
3,000円からの毎月払いコースと一時払いコース、6カ月満期コース。積立期間は6〜60カ月。ANAカードで支払うと200円につき1マイル貯まる。

H.I.S「貯めチャオ」
3,000円からの毎月払いコース、ボーナス併用払いコース、一括引き落としコース、一括払いコースの4種類。積立期間は6〜60回。

JAL「JAL旅行積立」
5,000円からの毎月払いコースと一時払いコース6カ月満期コース。積立期間は6〜60カ月。JALカードで支払うと200円につき1マイル貯まる。

デパートの積み立てサービス

大手デパートが提供している積み立て商品で、年利回りが15%超と非常におトク。毎月一定金額を12カ月積み立てると、1カ月分の積み立て金額がプラスされて買い物券やプリペイドカードとしてもらえます。デメリットはそのデパートでしか使えないこと、倒産した場合に保障がないことです。

高島屋「タカシマヤ友の会[ローズサークル]」
積み立て期間は1年で、積み立て金額を5,000円、1万円、3万円、5万円から選ぶことができる。1年後にそれぞれ1カ月分のボーナスがプラスされる。

東急百貨店「友の会東急ファミリークラブ」
3,000円〜3万円のなかで4コースある1年積み立てコースは、1年後に1カ月分のボーナスがプラス。毎月5,000円の6カ月積み立ては2,500円分のボーナスがプラス。

京王百貨店「京王友の会」
積立期間は1年で、積み立て金額を3,000円、5,000円、1万円、3万円から選ぶことができる。1年後にそれぞれ1カ月分のボーナスがプラスされる。

三越・伊勢丹「エムアイ友の会」
5,000円〜5万円のなかで5コースある12カ月積み立ては、1年後に1カ月分のボーナスがプラス。毎月5,000円の6カ月積み立ては2,000円分のボーナスがプラス。

小田急百貨店「小田急レディスクラブ」
5,000円、1万円、3万円の1年積み立てコースは、1年後に1カ月分のボーナスがプラス。毎月5,000円の6カ月積み立ては2,500円分のボーナスがプラスされる。

※2018年5月現在

貯め上手になる

節約

お金を貯められる人は収納上手&捨て上手

ものの整理ができる人はお金がどんどん貯まります

お金と心は密接に結びついていて、心に余裕がないと不要なものをつい買い込んだり、所有するという行為で安心感を得ようとします。

一方、**捨て上手というのはものに対して執着せず、自分にとって何が大切なのかわかっている人。余計なものを捨てると部屋が片付くだけでなく、気持ちも整理されるので、無駄遣いをしなくなります。**収納上手もこれと似ていて、自分の持ちものを管理できているので、無駄なものを買おうとせず、いらないものはどんどん捨てられるのです。

捨て上手、収納上手になる第一歩

捨て上手になるためには思いっきりが大切。
ものが少なくなると、収納も難しいことではなくなります。

捨て上手になるコツ

コツ! 1 捨てられないものは一度、箱にまとめる

どうしても捨てられないようなものは、種類は関係なく段ボール箱に入れてみてください。そして1年間一度も使わなかったら、潔く箱ごと捨ててしまいましょう。捨てられないものに猶予期間を設けることで、気持ちの整理もつくはずです。

コツ! 2 思い出の品は写真に撮ってから捨てる

誰かにもらったり、記念に買ったりなど、思い出のある品々を簡単に捨てられないのは、当然の心理。だけどしまったまま、普段は存在さえ忘れているようなものであれば、写真を撮って記録して、思い出としてずっと残しておきましょう。

使用頻度の低いものは買わずにレンタル

今は、ありとあらゆるものがレンタルできます。スーツケースを使うような旅行に行くのは、1年のうち限られた日数ですが、そのためだけにわざわざ買うのは割に合いません。高額なのに使用年数や頻度が少ないものは、レンタルで済ませましょう。

コツ! 3 服は2着捨てたら1着買う

すでに洋服をたくさん持っているのに、もっとほしいと思うなら、まず2着捨ててから、1着だけ買いましょう。そのとき「今までありがとう」と感謝をすれば、捨てるときの心の痛みが和らぎ、無駄に買ってきたことの反省もできます。

買い物上手になるコツ

コツ! 収納場所を写真で客観視する

クローゼットが似たような服ばかりになったり、冷蔵庫の中にすでにある食品を買ってしまうのは、持ちものを管理できていない証拠です。無駄な買い物をしがちな食品、洋服、雑貨などの収納場所をスマホで写真に撮って保存しておきましょう。買い物前にそれをチェックすれば、必要かどうかがわかります。

時間の使い方が上手な人はお金が貯まりやすい

「時間が足りない」とはもう言わせません！

お金と時間の使い方は密接に絡んでいて、**貯め上手な人は基本的に時間の使い方も上手**なようです。現代社会はテレビやインターネット、スマホなど、ダラダラと流されて無駄な時間を過ごしてしまいかねない誘惑にあふれています。その半面、多くの人は「もっと時間があったらこんなこともできるのに…」と思っているはず。**どんな人にも平等に与えられている時間は、工夫次第で創出できるもの。家計と一緒で自分はどんなふうに使っているのか、まずは現状を把握することが大切**です。

時間簿をつけて現実を理想に近づける！

自分の行動パターンを振り返るのに、便利なのが時間簿。無駄な時間が一目瞭然で、改善策が見えてきます。

時間簿の例

0 3 6 9 12 15 18 21
ストレッチ
睡眠
起床
朝食
身支度・出勤
出社 仕事
昼食
仕事
退社
スポーツクラブ
帰宅・夕食作り
夕食
家事
お風呂&美容
SNS、スマホ

時間簿のつけ方

平日と休日の過ごし方を振り返り、例のようにざっくりでかまわないので時間簿をつけてみましょう。同時に自分が理想と思う時間簿も作ってみて、そこに近づけていくためにはどの部分を削ればいいか考えてみましょう。

●自分の時間簿を書いてみよう●

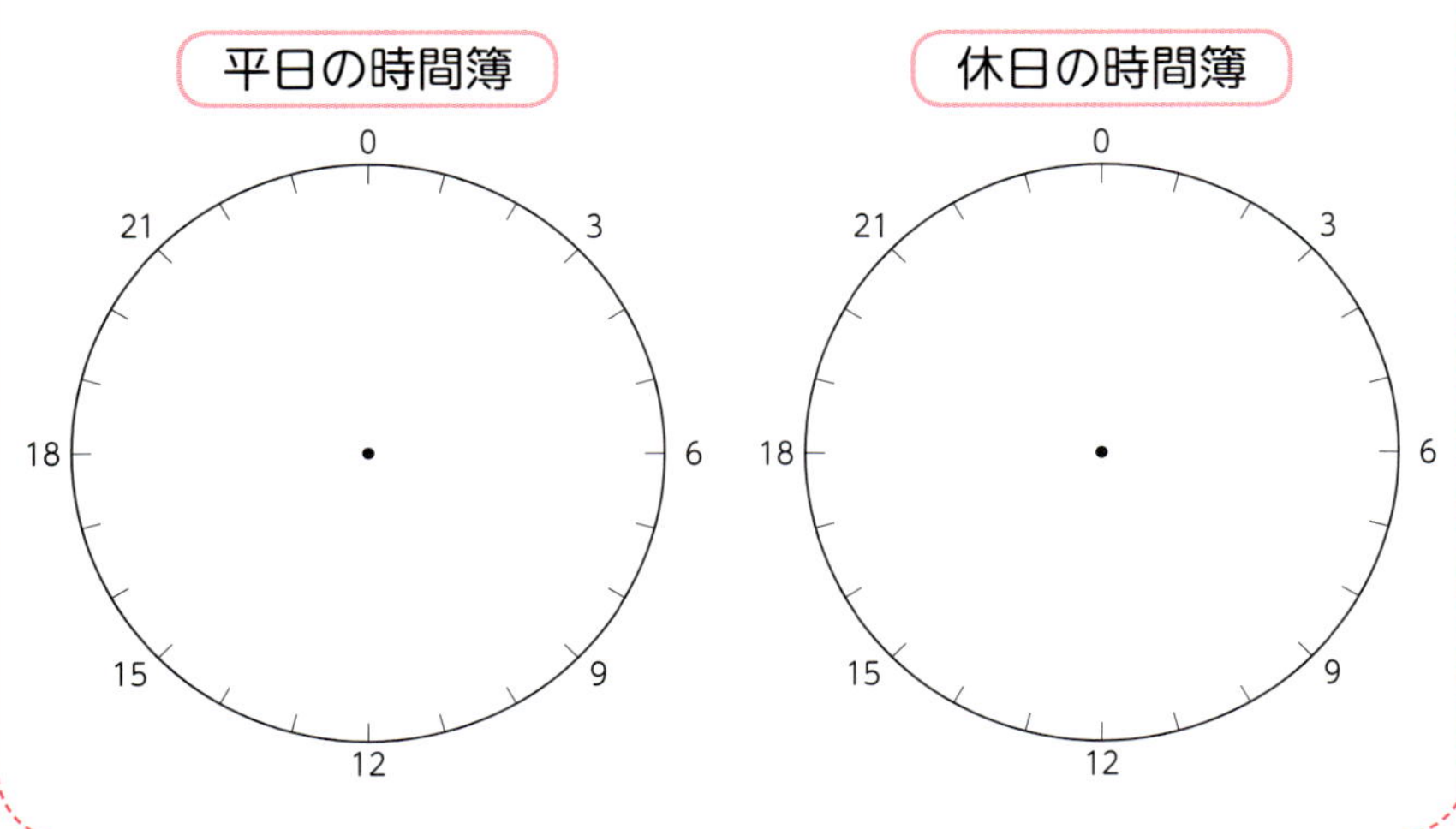

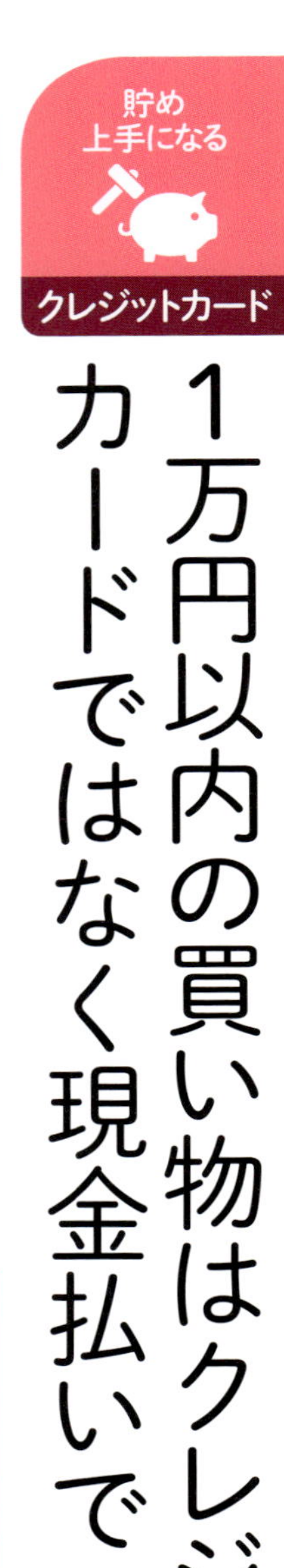

1万円以内の買い物はクレジットカードではなく現金払いで

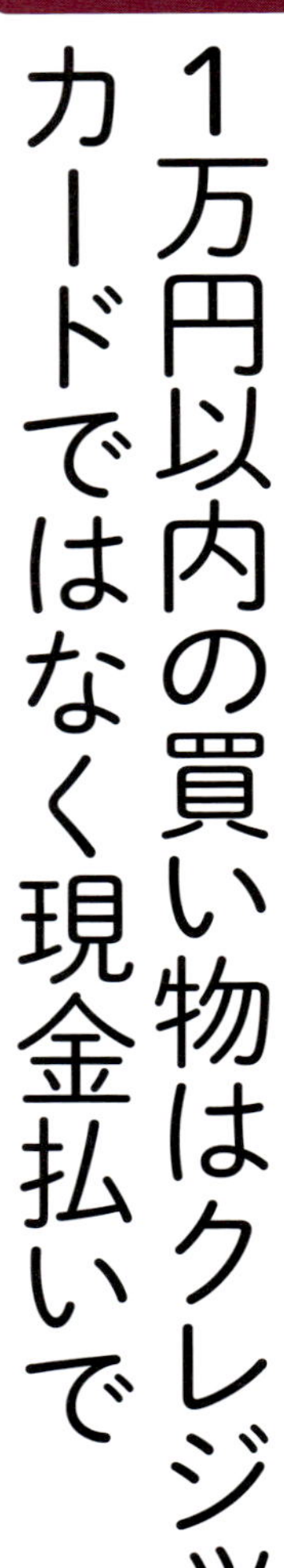

お金の重みを実感して無駄遣いをストップ！

クレジットカードをとても便利な"魔法のカード"と思っている人は、多いのではないでしょうか。たしかに手元に現金がないときや、お財布事情が厳しいとき、大きな買い物をするときは便利な道具といえますが、カード1枚で簡単に支払いができるため、お金のありがたみを実感しにくいのがデメリット。実際、**カード払いを習慣にしている人は、現金で買い物をする人よりもお金をたくさん使う傾向**があるようです。

日々の支出に対して慎重になるためにも、なるべく現金で支払うこと

クレジットカードを使うときのポイント

便利さの裏に思わぬ落とし穴があるクレジットカード。無駄遣いをしないよう、使い方にはくれぐれも注意して。

所有枚数は2枚以下に制限する

お得なキャンペーンにつられて増えてしまいがちですが、持つのは自分で管理できる枚数に。盗難保険料や年会費がうっかりかかっている場合もあるので要注意です。

ポイント目当てに無駄な買い物をしない

ポイントがほしくてクレジットカードを使う人も多いようですが、そのために無駄遣いをしていたら本末転倒。「ポイント○倍」なんて言葉にも踊らされないで！

キャッシングは絶対にNG！

手元に現金がないとき、ATMなどで簡単に引き出せるのは便利ですが、年率8〜18%という高い金利手数料が発生しています。使わないにこしたことはありません。

支払い方法は必ず1回で

無駄な手数料を払わないためにも、支払いは1回で済ませましょう。家計が苦しいから分割払いで……と考えるくらいなら、ぐっと我慢をすることもときには大切。

をおすすめしますが、これほどクレジットカードが一般的になっているなかで、すべての支払いを現金にするのは、やはり難しいと思います。なのでその折衷案として、**「1万円以内の買い物は現金払い」**にしてみてはどうでしょう。特にコンビニなどでの小さな買い物にもクレジットカードを使っている人は、現金払いに変えることでこれまでいかに無駄遣いをしていたのかがわかって、節約を意識するようになるはずです。

デビットカードをご存じですか？

「VASAデビット」はクレジットカードと同じように利用することができますが、カードを使ったそのときに口座から引き落とされるので、後払いするクレジットカードよりも「お金を使った」という実感が持てます。

クレカを持つならこの1枚

請求時に利用額の1%が割引となる「P-oneカード」というお得なカードもあります。

クレジットカード

便利だけど終わらない支払い「リボ払い」という名の甘い罠

リボ払いって
毎月たくさん
お買い物してるのに
1万円しか
払わなくて
いいんだよ～

何を買ってるの？

今月は
バッグ3万と
くつ5万
だけ

あ　あと
この間
金欠でスーパーでも
カード使っちゃった

うーん？

リボ払いの支払い
いつからやってて
いつ終わるの？

3年くらい前から
リボをはじめたんだよね
いつ終わるんだろ？
でも　ま　毎月払って
るんだし　いつか
終わるんじゃない？

ちょっとー!!

いくら支払いが
あるのかと
いつ終わるか
調べなよ!!

そうねぇ　ちょっと
心配になってきた
調べてみるね

メリットにだけ目を向けないで！

カード会社が積極的にキャンペーンを展開して、おすすめしてくるリボ払い（リボルビング払い）。どんなにカード払いをしても、定額コースの場合は月々の返済額が変わらないため、家計にそれほど負担がかからず、一見便利に思われがちです。しかしカード会社が猛プッシュしてくるのは、裏を返せばそれだけ利益が大きいから。

リボ払いは、月々着実に返済しているという感覚があるかもしれませんが、支払いが終わらないうちに利用することは、借金がどんどん増え

リボ払いのシミュレーション

リボ払いで支払い続けると、気づくと手数料金額が増えていきます。

10万円のPCを購入 → 1回

3万円のスーツと2万円のコーヒーメーカーを購入 → 4回

回数	支払額	元金	金利手数料	支払い残高
1回	5000円	5000円	0円	95000円
2回	6215円	5000円	1215円	90000円
3回	6114円	5000円	1114円	85000円
4回	6090円	5000円	1090円	130000円
5回	6641円	5000円	1641円	125000円
6回	6528円	5000円	1528円	120000円
7回	6522円	5000円	1522円	115000円
8回	6410円	5000円	1410円	110000円
9回	6396円	5000円	1396円	105000円
10回	6339円	5000円	1339円	100000円
26回	5356円	5000円	356円	20000円
27回	5285円	5000円	285円	15000円
28回	5234円	5000円	234円	10000円
29回	5173円	5000円	173円	5000円
30回	5114円	5000円	114円	0円
31回	51円	0円	51円	0円

手数料率
(実質年率)：14.4%
月々の支払額：
5,000円
支払いコース：
定額コース

手数料合計
25,903円

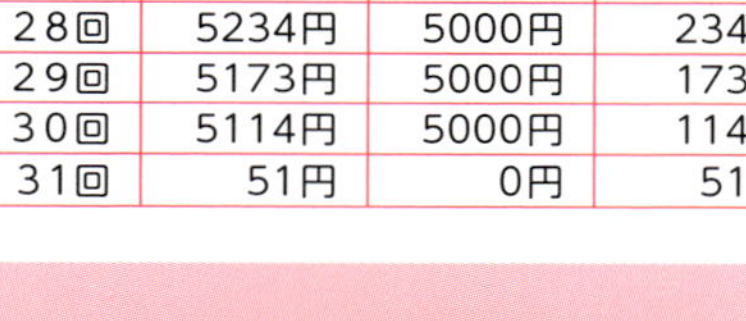

リボ払いを利用するほど利息が増え、元金がなかなか減らないまま、本来使っていないお金をせっせと払い続けることになってしまいますよ。

ていくことを意味します。借金が増えればそれだけ**高い利息がつき、利用すればするほど返済が長期化するという悪循環**が。今支払っている1万円が、いつ、どこで使った1万円なのか、元のお金がどのくらい減っているのかがあやふやになり、金銭感覚が麻痺してしまうのです。

消費者にとっては便利さを決して安くないお金で買っているシステムといえるので、ポイント優遇などの甘い言葉に誘惑されずに、冷静な判断をしてください。

「お金を払っている」という実感をもつためにも、支払い回数は少ないほうがいいわね

増やし上手になる
投資の基本

「貯蓄」と「投資」の2本柱でこれからのお金を蓄える

貯蓄で確実に貯めて投資で利益を期待!

無理のない貯蓄が習慣化して、将来をより見据えることができるようになったら、**次のステップは「増やし上手」になることです**。そのためには、投資がおすすめです。

貯蓄は文字通り、お金を蓄えることを意味しますが、**安全・確実に元本が割れることなく、お金を貯めることができます**。これに対して**投資は、将来的な利益を期待して、今あるお金を投じること**。利益が出るかどうかは不確実である点が、貯蓄との一番の違いです。

投資と聞くと一攫千金を狙うイメ

投資と貯蓄を比べよう

投資と貯蓄、それぞれのメリット・デメリットは？
使う時期と目的で、預け場所を変える考え方は一緒です。

投資

メリット

銀行金利よりも、高い利益が期待できる点。仮にインフレが起きても、物価上昇率を超えて利益を得られる可能性も。将来のための長期的な運用に適しています。

デメリット

利益を期待するものであって、確実に利益を得られる保証はありません。元本が割れてしまうリスクも伴っているので、投資の方法によっては資産形成が狂ってしまう危険性も。

貯蓄

メリット

元本が割れることなく、安心・確実にお金を貯められます。比較的簡単に引き出すことができ、普通預金や積立定期預金など、短期・中期で預けるのに適しています（P53参照）。

デメリット

同じ価値ではない

昔と違って金利が低いので、銀行に預けているだけでは利益が見込めない点。長期的なインフレが起こると、お金の価値が下がって資産が目減りしてしまう恐れもあります。

ージがあるかもしれませんが、国債のように安全性の高いものもあります。投資も貯蓄と同様、将来に備えての資産形成として有効で、それぞれに特性があります。普通預金にしても定期預金にしても、今は金利が非常に低い時代なので、貯蓄で増やすという考え方はあまり現実的とはいえません（貯蓄にもインフレのリスクがあります）。**貯蓄で確実に貯めながら、投資で増やすという2本柱で将来に備えるのが理想**です。

将来インフレになるかも!?
インフレってどんなこと？

たとえば今は100円で買えるりんごが、10年後120円になるように、ものやサービスの値段が上がることをインフレといいます。物価が上昇すると同じ金額で買えるものの量が減るので、実質的にお金の価値が目減りしてしまいます。

10年後には…

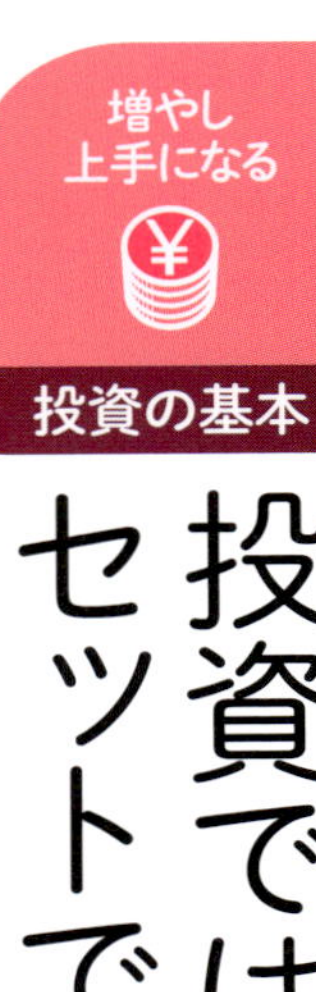

投資ではリスクとリターンをセットで考える

リスクとリターンは表裏一体の関係です

投資をするときによく出てくる言葉が、リスクとリターン。リスクというのは、価格が上下する、そのブレ幅をいいます。プラスになったりマイナスになったり、ブレ幅が大きくなるほど、「リスクが大きい」という表現をします。一方、リターンというのは、投資をすることによって得られる利益のこと。ですから「リターンが大きい」というのは、利益が大きいことを意味します。

金融商品には必ずリスクとリターンがあって、このふたつは表裏一体の関係といえます。つまり、リター

リスクとリターンの関係とは？

**リターンが大きいほど、リスクが大きくなるのが基本。
リスクとリターンがアンバランスな商品は要注意！**

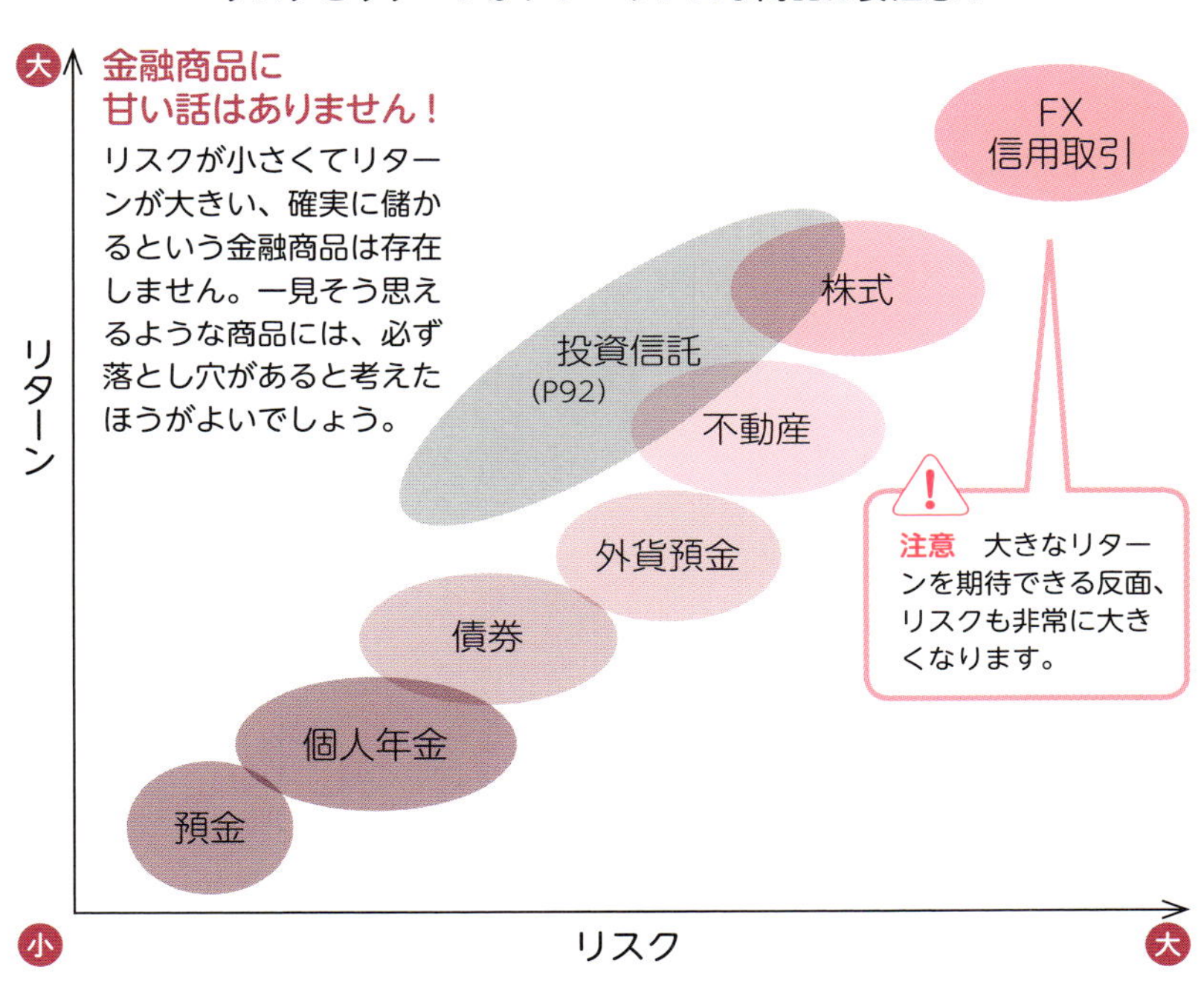

ンが大きいものほどリスクが大きく、リターンの小さいものほどリスクが小さいという傾向があるのです。**投資が初めてのシングル女子におすすめなのは、やはりリスクを減らしながら安心してできるようなもの。**具体的には後ろのページで説明していきますが、**投資商品を選ぶ際は、リターンとリスクのどちらか一方に目を向けるのではなく、ふたつをセットで考えることが大切**です。

リスクが大きいと、どのくらい損をしてしまうものなんですか？

FXや信用取引は投資した元のお金が減るだけでなく、かなりマイナスになってしまう可能性もあります。

増やし
上手になる

投資の基本

ギャンブル性の高い「投機」ではなく「投資」がおすすめ

「投機」と「投資」は似て非なるものです！

日本人は特に、投資というと「怖い」とか「ギャンブルのようなもの」「お金持ちの道楽」などというイメージを抱いている人がいまだに多いようです。しかしそれは投資を一面でしかとらえていないため、正しい解釈とはいえません。

投資に対して、「投機」という言葉を知っているでしょうか。この2つは似ているけれども、異なることを指しています。簡単に説明するなら、投資は資本に投じるもので、投機は機会（チャンス）に投じるもの。つまり短期的な値動きをするもの、

「こわくない」投資先を見極めて

株式や債券など長く保有するなら投資に相当するものでも短期間での売買は投機になるので注意しましょう。

投資

株式

企業が発行する株を売買して、差額分の利益を狙うもの。株主優待の特典を受けたり、会社が稼いだ利益の一部を配当金として受け取ることも。

不動産

アパートやマンションなどを購入して家賃収入を得たり、購入した物件の価値が上がったときに売却することで、差額分の利益を得ること。

債券

国、地方公共団体、企業、あるいは外国の政府や企業が、資金調達を目的に発行する債券を購入することで、定期的に利子を受け取ること。

ほかにも、投資信託、外貨預金、貯蓄性のある保険商品など

投機

先物取引

価格の決まっていない商品や株について、購入時期と価格を約束して取引すること。大豆やガソリンなど現物のあるものを商品先物取引という。

仮想通貨

価値が上がることを見込んで保有する、ネット上のデジタル通貨。中央銀行のような公的な管理者が存在せず、法整備されていないので注意が必要。

FX

Foreign Exchangeの略で、正式名称は「外国為替証拠金取引」。2国間の通貨を交換・売買することで、その差額で利益を得ようとするもの。

ほかにも、株や債券のデイトレード・短期売買、金の短期売買など

ギャンブル的要素が強いもの、リスクが大きいものをチャンスととらえて取引することを、一般的に投機といいます。ですから先述したイメージで投資を敬遠している人は、投機と混同してしまっているといえます。**投機が勝つか負けるかのゲーム的要素が強いのに対して、投資は時間をかけてじっくりと育てていくものです。リスクを取りながらも着実なリターンを期待するのが、投資の大きな特徴**といえるでしょう。

投資商品の買い方

たとえば株を買うには、買おうとする株式会社に直接連絡をするのではなく、証券会社に証券口座を開くのが基本。投資信託に関しても現在はオンライン上でできるネット証券のほか、銀行や郵便局などの金融機関でも購入できるようになり、間口が広がってきています。

増やし上手になる

投資のコツ

投資はひとつに集中せず「分散」でリスクを減らす

ひとつでなく
いろんなところに分けて

投資は一点集中ではなくいろんなところに

投資のリスクを減らすコツは「分散」「長期」「積み立て」の3つです。**ひとつ目の「分散」**については、たとえば投資先をひとつに絞ってしまうと、そこがうまくいかなくなったとき、投資した資産が大きく目減りしてしまいます。それだとリスクが非常に大きいので、**投資先を複数に分けることで、リスクを最小限に抑えることができます**。具体的には、国内だけでなく海外にも投資をしたり、株式や債券など商品の種類を分散したり、円やドルなど通貨を分散するような方法があります。

分散するとこんなメリットが！

分散する最大の目的は、リスクを減らすこと。そうすることで、より大きなリターンも期待できます。

商品を分散させてリスクを減らす

たとえば日本の株だけに投資すると、日本経済が落ち込んだときのリスクが大きくなるので、外国の株や、株よりも値動きの少ない国内外の債券を組み合わせて投資をしたとします。これだけでも「日本の株」「外国の株」「日本の債券」「外国の債券」というふうに4つに分散することが可能です。

分散投資の例をみてみましょう

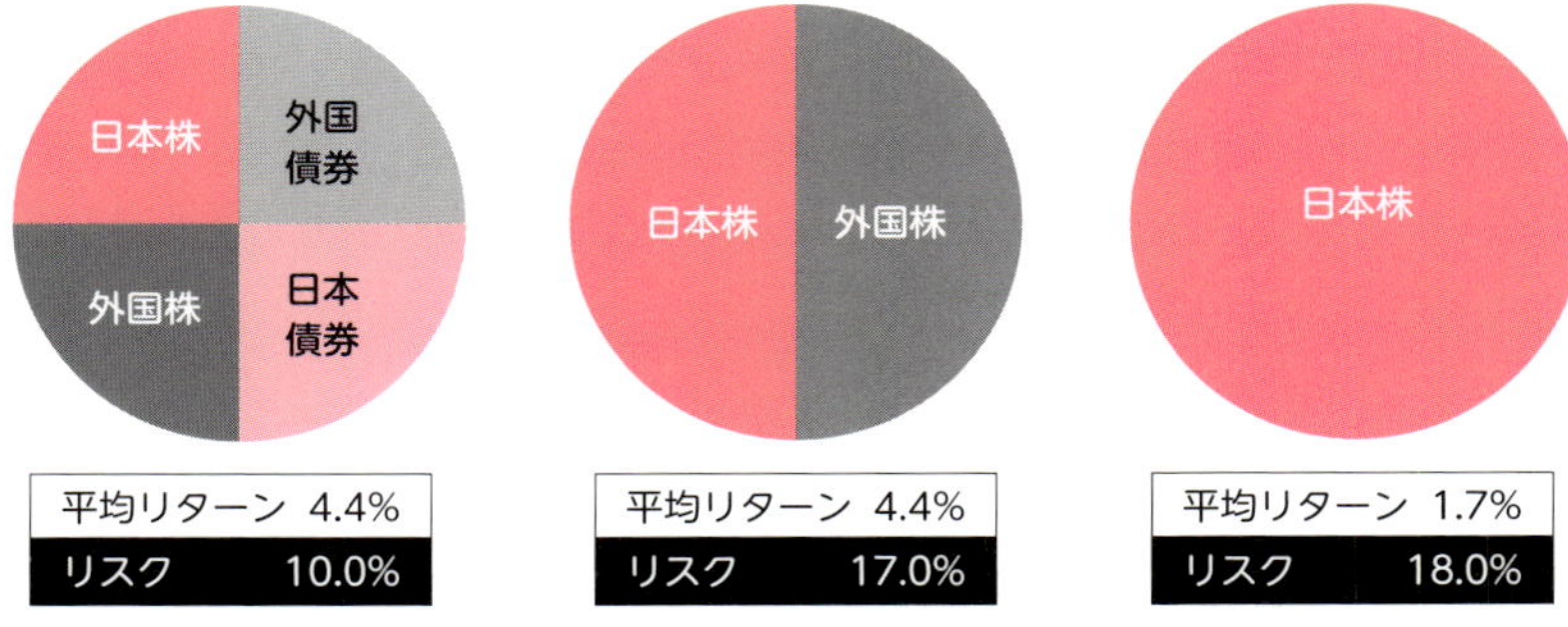

平均リターン 4.4%	平均リターン 4.4%	平均リターン 1.7%
リスク 10.0%	リスク 17.0%	リスク 18.0%

過去20年（1997年7月〜2017年6月）の平均リターンは、「日本の株」のみに投資した場合は1.7%。「日本の株」「外国の株」「日本の債券」「外国の債券」に4分の1ずつ投資した場合は4.4%。分散していくにつれて、リスクの割合も少なくなっています。

※出典　「わたしのインデックス・my INDEX」

自分で投資先を分散するのは大変です。そんなときは、プロが分散してあらかじめパッケージしてくれる投資信託（P92）がおすすめです。

増やし
上手になる

投資のコツ

投資は若いうちから「長期」で「積み立て」をする

将来のお金は長い目でコツコツ貯めましょう

投資のふたつ目のポイントは「長期」。短期間で売買する株やFXなどのデイトレードは、ハイリスク・ハイリターンな投機といえます。そうではなくて、現役で働いている今のうちから、**20年、30年かけてお金を増やしていくことをおすすめしたいのですが、それを着実に実践できるのが、3つ目のポイント「積み立て」という方法**です。一時金で大きな金額を投資するのではなく、長い目でコツコツと成長性のあるものに投資していくことは、時間を分散してリスクを減らすことを意味します。

長期＆積み立てで、お金の成長をゆっくり待つ

長い時間をかけて着実に積み立てていくと、
いろんなところで“差”が出てきます！

預貯金のみの場合と支払い金額がこんなに変わる！

30歳、40歳、50歳から普通預金で1,000万円を貯めようとする(上)のと、投資をして4%で運用する(下)のでは、金利の効果によって毎月の支払い額にこんなに違いが出てきます。若いうちから始めたほうが、元本も少なくて済むのがポイントです。

●金利の効果 1,000万円を貯めるなら

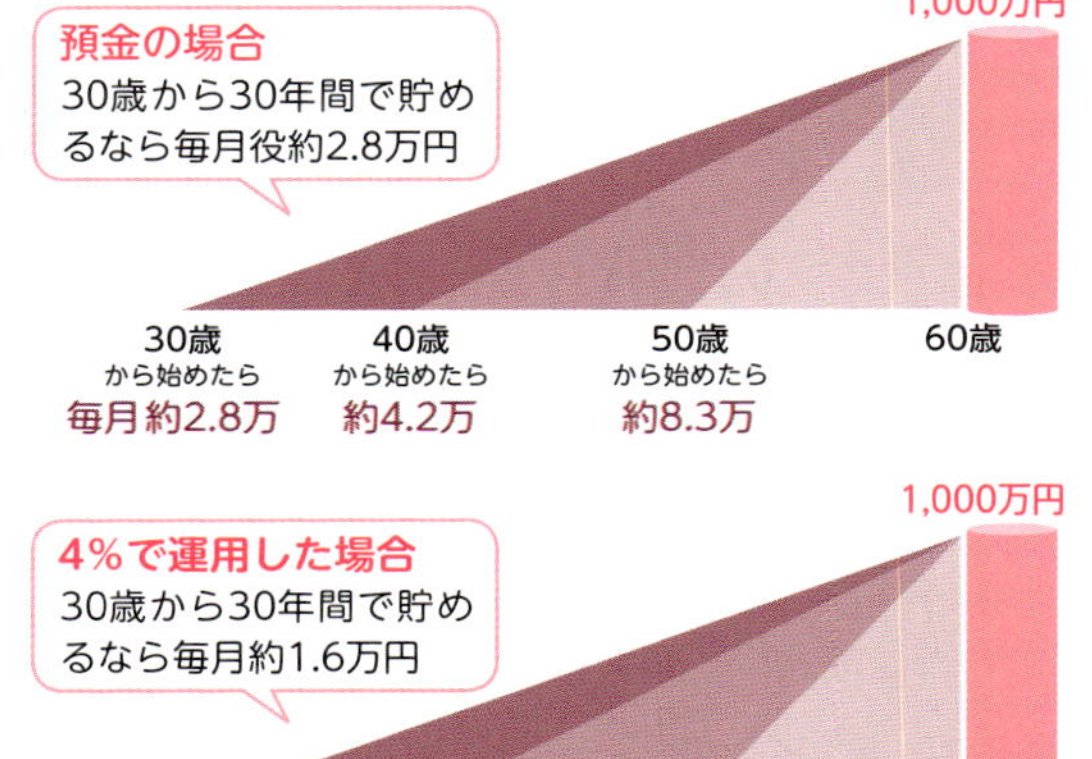

●利回りと複利効果

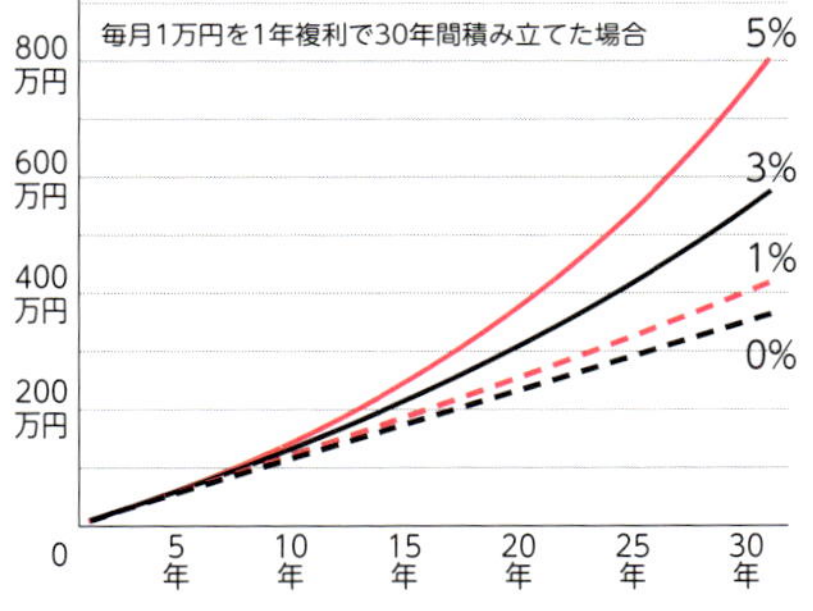

複利の効果でお金がどんどん増えていく

複利とは、元金によって生じた利子を元金に組み入れていくこと。これが続くことによって、元金が雪だるま式に増えていくのが特徴です。最初な同じ金額のものでも、5年、10年、20年、30年……と時間がたつにつれ、「複利の効果」は大きくなっていきます。

短期的に上下しても長期的には増える可能性大

長い目で見ると、経済にはいろんなことが起こります。投資の途中で相場が下がってしまっても、毎月コツコツ積み立てていれば、相場が持ち直したときにプラスになりやすく、長期的にならしてみると、預貯金以上の利益が出る可能性が高くなります。

投資のリスクを減らす3つのコツを叶えてくれる投資信託

プロにおまかせできるので投資初心者におすすめ

Ｐ88～90で説明した「分散」「長期」「積み立て」という投資方法を実現できる金融商品が、投資信託です。

株や債券を買うといっても、膨大にあるなかから、これといったものを選ぶのは容易ではありません。その点、**投資信託はたくさんの投資家から集めたお金を資金にして、運用の専門家が株や債券など複数の商品に投資**してくれます。投資する側は、**プロにおまかせできるので、ラクに資産形成ができます。**長期間にわたってコツコツと積み立てる方法は**初心者におすすめの投資**といえるでしょう。

投資信託の仕組みと特徴

**そもそも投資信託とはどういう商品なのでしょう。
メリット、デメリットについても解説します。**

株式投資と投資信託の違い

株式投資は、応援したい会社の株を買って、それが買い値よりも高く売れれば利益が発生します。ほかにも会社の利益の一部を配当金として得たり、株主優待のサービスを受けられることも。一方、投資信託は、投資家から集めたお金をひとつの資金としてまとめて、ファンドマネージャーと呼ばれる運用の専門家が株や債券などに投資・運用するものです。

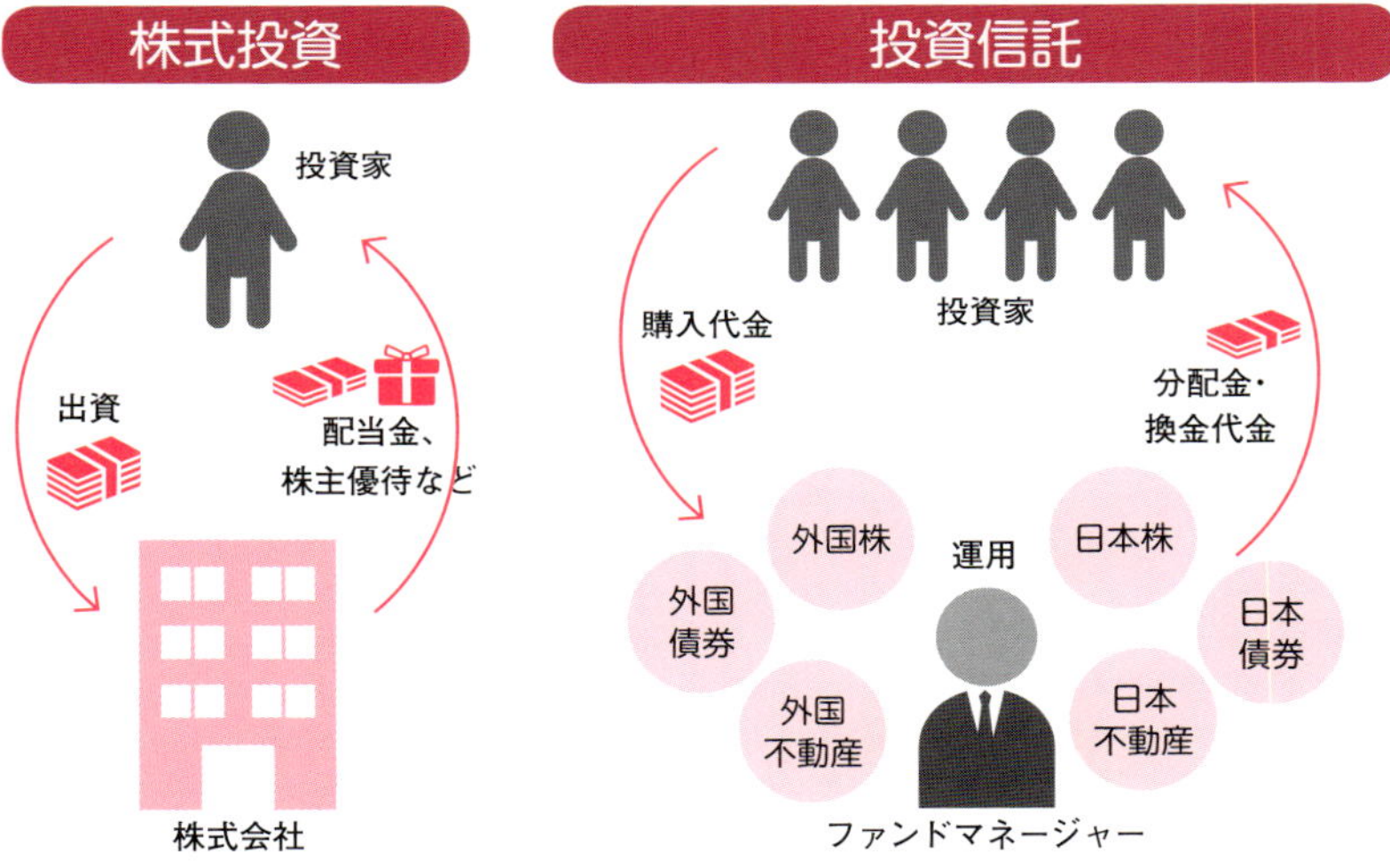

投資信託のメリット

複数の商品に分散投資するので、株の一点買いのように、大きなリスクを避けることができます。また、株はある程度まとまったお金がないと買うことができませんが、投資信託は1万円や1,000円から買えるものも多く、最近は100円から始められるものも増えています。

投資信託のデメリット

いくらプロが運用するといっても、市場の環境などによって運用成績が変動するため、元本割れのリスクはゼロではありません。また投資信託の商品そのものも非常に多いため、投資する側にとっていい商品を選ぶためには、最低限の知識が必要になってきます。手数料がかかるので、安いところを選びましょう。

増やし上手になる

投資信託

投資信託は複数の商品がパッケージになっている

いろんな〝トッピング〟を選べる投資信託

投資信託の最大のメリットは、分散投資ができること。ファンドという言葉にも置き換えられますが、複数の商品にプロが投資をするので、リスクを抑えることができるうえ、個人では購入・運用が難しいような、海外の株、債券、不動産などにも手軽に投資をすることが可能です。

投資信託を始めるには、まず証券会社や銀行などの金融機関で口座を開設して申し込み、購入代金を支払うのが一般的です。**最近はインターネットなどで手軽に始められるようになっています。**

複数の商品を組み合わせてパッケージ

**バラエティに富んだ商品がセットになっている投資信託。
そのしくみや、初心者におすすめのタイプは？**

投資信託はのり巻きのようなもの!?

投資信託の仕組みを、のり巻きに置き換えるとわかりやすいかもしれません。のり巻きには卵やきゅうりなどいろんな具が入っていますが、具に相当するのが株や債券など個別の商品。自分の好きな具の組み合わせののり巻きを選ぶことができます。またひと切れ1,000円のものを1,000円分だけ買っても5,000円分買っても、量が増減するだけで具の配分は変わりません。

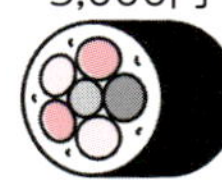
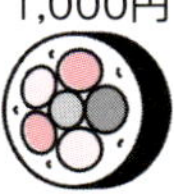

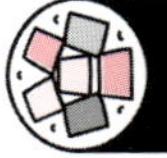
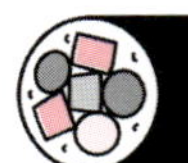

初心者におすすめのタイプ

投資信託には２種類あります。ひとつはコンピューターで自動運営される「インデックスファンド」。もうひとつはファンドマネージャーが独自で運用している「アクティブファンド」です。インデックスファンドのほうが手数料が低く、市場の平均値（日本株であれば日経平均株価）に連動しているので、初心者におすすめです。また、国内外の株や債券などがあらかじめ組み合わさっている「バランス型」のファンドを1本もつのもよいでしょう。

インデックスファンド

TOPIX（東証株価指数）や日経平均255などの指数に連動する投資信託。たとえばTOPIXが10％上昇すれば、インデックス型の投資信託も10％値上がりするように。

組み合わさっているものがおすすめ！

バランス型

国内外の株と債券の4つなど、異なるファンドにバランスよく投資するタイプ。自分で金融商品を組み合わせるのは大変ですが、これだと簡単に分散投資ができます。

節税しながら老後資金が貯められる「iDeCo」とは

これからは個人で老後資金を準備する時代

少子高齢化が進むなか、シングル女子が老後を迎えるころには、公的年金は今ほど手厚いものではなくなっている可能性が高いのが現実です。そのため**個人の老後資金作りを個人で貯める方法として、国が応援する制度が出てきました**。その具体的な制度が、**「iDeCo（イデコ）」です**。正式名称を「個人型確定拠出年金」といい、公的年金とは別に老後資金を投資信託や定期預金、保険などで自分で積み立てていくのですが、国が力を入れている制度だけに、税金の優遇措置が設けられています。

iDeCoには3つの税制メリットが！

老後資金を着実に準備できるというメリットに加えて、iDeCoには3つの大きな税制優遇があります。

積立時

所得税、住民税が節税できる！

国民年金や厚生年金に上乗せする形で加入するので、自営業者、会社員、公務員などによって年間の掛け金限度額が異なりますが、積み立てたぶんは、全額所得控除の対象に。所得税、住民税が軽減されます。

メリット 2

運用時

利益が出ても、税金がかからない！

たとえば通常の投資信託は、運用して発生した利益に対して、20.315％の税金がかかります。しかしiDeCoの場合は、利益がすべて非課税になるので、元本を大きくしたまま複利の効果を生かして運用していくことができます。

●１万円の利益が出た場合

一般的な投資信託

iDeCoで運用した投資信託

メリット 3

受取時

年金でも一時金でも一定額までは非課税に

iDeCoは60歳以降、年金か一時金として積み立てた資金を受け取ります。この受け取り方を工夫すれば、一時金の場合は退職所得控除、年金の場合は公的年金など控除が適用されて非課税になることも。

一時金の場合

30年間積み立てた場合、会社からもらう退職金などほかの退職所得と合わせて、1,500万円までは非課税に

年金の場合

65歳未満は公的年金と合わせて年70万円まで、65歳以上は年120万円まで税金がかからない

増やし上手になる

iDeCo

加入対象者や限度額など「iDeCo」の基本の仕組み

たとえば年間の節税を見てみると

ほとんどの人が加入できる〝第二の公的年金〟です

確定拠出年金には「個人型」のiDeCoと、勤務先で入る「企業型」というのがあります。P96でも説明しているように**iDeCoの最大のポイントは税制メリットがあること**。もともと企業年金制度がない人の老後をバックアップする目的で作られましたが、現在では**20〜60歳までの国民年金・厚生年金加入者、つまりほとんどの人が加入できる**ようになっています。ただし自営業者、会社員、公務員、専業主婦（主夫）では、掛け金の上限額が異なります（左ページ参照）。

iDeCoはこんな仕組みです

掛け金の設定のしかたや、積み立てられる限度額、受け取り方法などを具体的にみていきましょう。

月々5,000円からで変更も可能

掛け金は毎月5,000円から1,000円単位で設定ができ、月払いだけでなく、半年払いや年払いも可能。金額は年1回変更することができ、休止もできます。積立期間が長いほど、メリットも大きくなるのが特徴です。

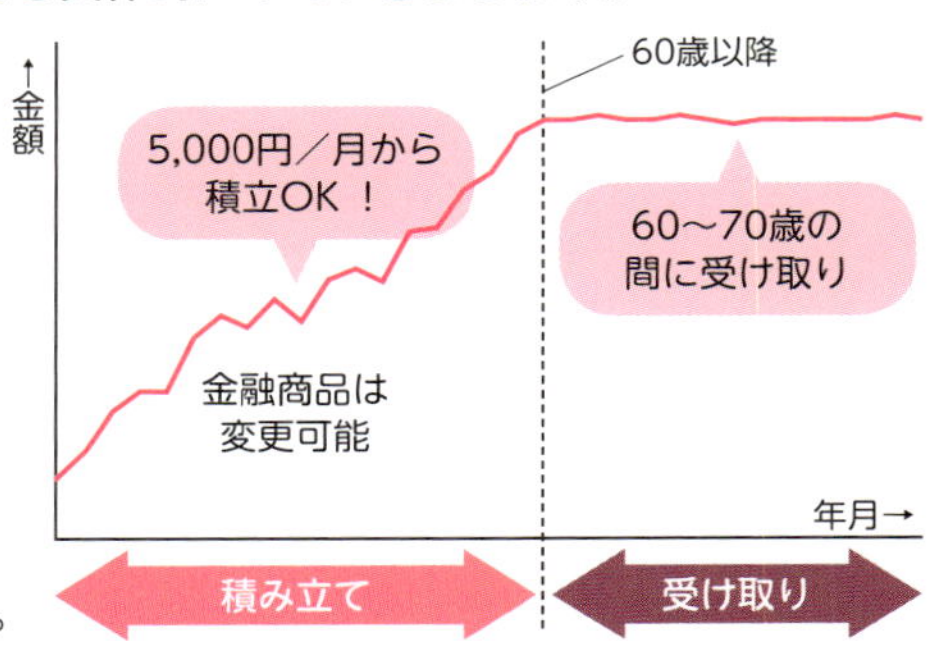

加入できる人

自営業者、会社員、公務員、専業主婦(主夫)など、60歳までの国民年金または厚生年金加入者。"現役"であれば誰でも加入できます。

受け取り時期

60〜70歳の間で受け取り開始時期を選ぶことができます。ただし加入期間が60歳の時点で10年に満たない場合は、受け取り時期が遅くなります。

受け取り方

年金として分割して受け取るか、一時金として受け取ることができます。原則60歳までは引き出すことができないので、注意が必要です。

加入対象者によって限度額が違います

	第1号被保険者	第2号被保険者		第3号被保険者
加入対象者	自営業者	会社員など	公務員など	第2号被保険者の被扶養配偶者
月々の掛金限度額	68,000円 ※付加保険料や国民年金基金と合算	企業年金なし 23,000円 企業年金あり 12,000〜20,000円	12,000円	23,000円

※各被保険者、および第2号被保険者の方は企業年金等の加入状況によって掛け金限度額が異なります。
※国民年金の保険料を免除されている方(障害基礎年金の受給権者は除きます)、国民年金の任意加入被保険者の方、農業者年金の被保険者の方は加入できません。
※企業型確定拠出年金、企業年金のある企業にお勤めの方は2017年1月以降制度改正が行われても、お勤め先の規約等により加入できない場合があります。詳しくはお勤め先の人事部等に確認してください。

勤務先で企業型確定拠出年金に加入していて、なおかつiDeCoにも加入したいときは、会社の許可が必要。会社によってはiDeCoに加入できない場合もあります。

増やし上手になる

iDeCo

まずは口座を開いて「iDeCo」を始めてみよう

運用先と掛け金の配分割合は自分自身で決められる

iDeCoの口座を開設して、毎月2万円を積み立てていくとしましょう。この2万円の**運用先と掛け金の配分の割合は自分で選べます**。運用商品は、定期預金のように元本が確保されるものから、価格が変動する投資信託までラインナップもさまざまです。iDeCoは長期で分散積立投資ができるので、リスクはあるもののやはり投資信託も配分に入れたいところです。ただし**運用商品の種類や配分割合の変更は後々できて、手数料もかからない**ので、フレキシブルに考えていきましょう。

iDeCoの正しい選び方

iDeCoを始めるといっても、金融機関も商品もさまざま。選ぶうえでの基本を踏まえておきましょう。

運営管理をする機関を選ぶ

ｉＤｅＣｏの申し込みができるのは、銀行、証券会社、保険会社など。ただし運用中にお世話になる金融機関はひとつだけなので、慎重に選びましょう。取り扱っている商品も異なります。「iDeCoナビ（個人型確定拠出年金ナビ）」というウェブサイト（http://www.dcnenkin.jp）は、金融機関の比較ができるのでおすすめです。

手数料は最低限に！

どの金融機関を選んでも、新規加入時に2,777円、月々167円以上の手数料がかかります。それにプラスして加入手数料や口座管理手数料などを独自に設けている金融機関も。

元本確保型	元本変動型
文字通り、元本が確保されているタイプで、元本割れすることはないものの、現在のような低金利が続く限り、大きく増えることはあまり期待できません。	運用成績によって元本が変動するタイプ。選ぶ際の基準になるのが「インデックス型」と「バランス型」（P95参照）。元本割れのリスクはありますが、資産を大きく増やすことも。
［商品例］定期預金、保険	［商品例］投資信託

自分に合った商品をチョイス

iDeCoで選べる商品は大きく分けると、元本確保型と元本変動型があります。そのなかで掛け金が100%になるよう配分割合を決めることができ、1本に絞ることも、複数に分けることもできます。

case 1 元本を重視したいなら

「お金が減るのは絶対に避けたい」という人や、「価格の変動に一喜一憂したくない」という人は、元本確保型で運用したほうがいいでしょう。

定期預金

case 2 リスクを取りつつ安心したいなら

「せっかく長く積み立てるのだから、多少のリターンは期待したい」という人は、元本確保型と元本変動型を組み合わせるのもいいでしょう。

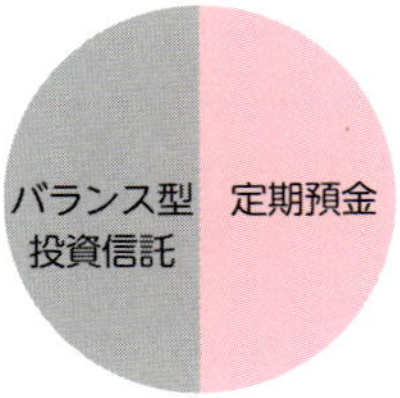

バランス型投資信託
定期預金

case 3 資産を増やしていきたいなら

「積極的に投資をして、資産を増やしていきたい」という人は、元本変動型の投資信託のみでも。長い目で見るほどリターンが増える可能性あり。

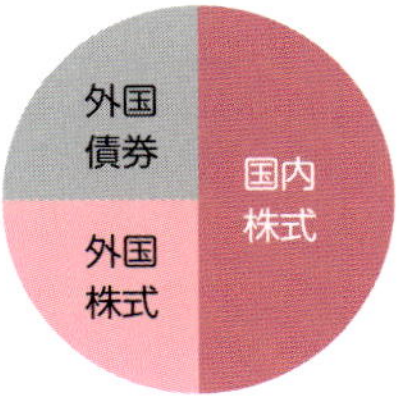

外国債券
外国株式
国内株式

増やし
上手になる

つみたてNISA

「つみたてNISA」を使ってさらにお得に増やす

「iDeCo」と「つみたてNISA」で不安を解消

投資の利益が非課税になるのが最大のメリット

個人の資産形成を後押しする制度が「NISA」です。NISAとは2014年にスタートした「少額投資非課税制度」。**活用して投資をして得た利益は非課税（税金がゼロになること）**になる、**お得な制度**です。

2018年1月からスタートした**「つみたてNISA」**は、その名の通りNISAの積立版で、**投資信託を長期にわたって積み立てていくタイプの制度**です。

金融庁が定めた条件をクリアした投資信託商品が厳選されているので、初心者でも安心して始められます。

iDeCo&「つみたてNISA」の併用術！

**iDeCoと中長期で投資ができるつみたてNISAを
併用すれば、さらに効率よく資産を増やすことが！**

少額から始められるつみたてNISA

つみたてNISAの特徴は、積み立てに特化していること。年間の投資上限額は40万円とそれほど多くありませんが、非課税となる運用期間がNISAの5年と比べて20年と長いのが特徴です。国内だけで何千種類もある投資信託のなかから、金融庁が定めた条件をクリアした「長期」「積立」「分散」に適した手数料の安い商品を厳選。投資1回の最低金額は金融機関によって異なりますが、100円以上のワンコイン投資や、1,000円以上の少額から可能なところも。

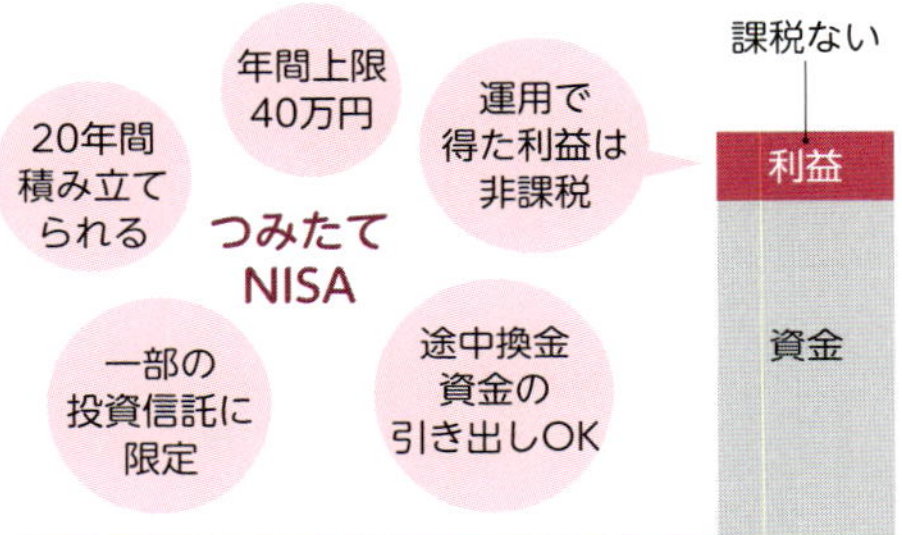

NISAとどこが違うの？

NISAの年間の投資上限額は120万円ですが、運用期間が5年と短いのが特徴。つみたてNISAではできない株式投資ができるので、一度にまとめて投資する場合や、株式投資をしたい人に適しています。

iDeCoとつみたてNISA、どう使い分ける？

まずはiDeCoから始めて老後資金を準備する

iDeCoは節税のメリットが大きいので、老後資金を貯めることを目的とするなら、iDeCoから始めるのがおすすめ。ただし60歳まで引き出すことができないので、最初から頑張りすぎず、余裕をもって利用しましょう。

つみたてNISAで中長期で使うお金を貯める

つみたてNISAのメリットは、いつでも引き出しができること。投資の金額が大きくなるほど、非課税のメリットも大きくなります。旅行資金や住宅購入の頭金の一部など、まとまったお金を貯めておきたいときに便利です。

早速、iDeCoを始めるぞー！の巻
よーし お金を増やすために私「iDeCo」を始めるぞー！
私もやる！
私も！
…でiDeCoってなにがいいんだっけー？
ズコーー
iDeCoってなーに？
iDeCoのことを軽くおさらいしましょう
iDeCoとは「個人型確定拠出年金」といって自分で積み立てる年金制度のこと
①毎月5,000円から積み立てOK。1000円単位で設定ができる。
②運用商品を選ぶことができる。
③積み立てた資金は60歳から引き出し可能。
iDeCoの運用の仕方は簡単
節税しながら老後資金を貯めることができるのでとってもおトクです！
お金を積み立てつつ節税ができるなんてすごい
そう メリットはなんといっても節税！
節税メリット1
掛け金は全額所得控除の対象となり、所得税と住民税が軽減！
たとえば 年収５００万円の場合は 所得税10％、住民税10％が控除されます
みんな同じ税率が控除されるんですか？
住民税は10％で同じですが所得税は年収によって変わります iDeCoナビというサイトでシミュレーションできるので参考にしてみてくださいね
iDeCoナビ
http://www.dcnenkin.jp
年末調整（または確定申告）すると所得税は還付という形で戻ってきます
住民税は 翌年から納税額が減額されます！
本当だー!! 住民税が減ってるー！
1年後の給与明細

節税メリット2
運用して利益が出ても税金がかからない
投資信託など一般的な金融商品の場合 運用して利益が出た場合 20・315%の税金がかかります でもiDeCoの場合は税金0円
たとえば1万円の利益が出た場合 一般的な金融商品は税金2031円が引かれて7969円ですが iDeCoだと1万円がまるまる残ります
一般的な金融商品
2,031円
7,969円
税
利益
iDeCo
10,000円
利益
節税メリット3
受け取るとき一定額まで非課税
60歳以降に年金でもらう場合は「公的年金等控除」が一時金でもらう場合は「退職所得控除」が適用されて税金がかからないことがあります
詳しくはP97～を見てね！
どこでiDeCoを始める？
ところでiDeCoはどこで始めればいいですかね？
銀行、信用金庫 保険会社 証券会社 信託銀行などです iDeCoを取り扱っている金融機関で始めましょう
じゃあ 早速近くの銀行に行って聞いてみようっと！
ちょっと待って iDeCoは金融機関の通常業務とは異なるので 窓口ではなくwebかコールセンターでの対応がほとんどです
ふーん じゃあいつも利用しているメインバンクで調べてみようかなー
それもちょっと待ってー iDeCoには2つの手数料がかかるんですよ

手数料？ 2つ？
加入手数料と運営管理手数料です 金融機関によって金額が違うんですよ
えー、そうなんだー！
加入手数料はiDeCoの口座を開くときにかかる手数料で最低2777円かかります
これは国民年金基金連合会へ支払う手数料でどこの金融機関を選んでも必ずかかるお金です
2,777円
国民年金基金連合会
毎月2777円かかるんですか!?
いえいえ これは初回のみですのでご安心を
ホッ
もうひとつは運営管理手数料 国民年金基金連合会とお金を管理する金融機関に支払うお金です 最低でも毎月167円かかります
加えて金融機関により300～500円プラスになることがあります
これは毎月かかるんですね
そうです ちりも積もれば山となります iDeCo口座を開設しようとしている金融機関の手数料がいくらなのか事前にきちんと調べておきましょう
確かに 節税しようと思ってiDeCo口座を作ったのに手数料をたくさんとられすぎたらメリットないですもんね
うんうん
そうだよね
先ほど紹介したiDeCoナビというサイトに 取扱金融機関の比較が掲載されています 参考にしてみてくださいね

iDeCoにはどんな商品がある？
iDeCoの対象商品は好きなものを選べるということですけどどんなものがあるんですか？
ハイ！
いろいろな商品がありますが　元本（元になるお金）今回でいうと積み立て金額のこと）を確保できる「定期預金」や「保険」と
安全！
定期預金ならば、元本が確保されるので安全です
元本の変動がある「投資信託」があります
リスクあり
投資信託は、元本の変動があるのでリスクは出てきます
え～
じゃあ　定期預金にしようかな～
安全を重視するならもちろんそれもありです　ただ　それだと元本割れ（元本の額が減ること）はしない代わりに　利益もそれほどでないですけど
確かに　ただの銀行の定期預金とあんまり変わらないか…
ウーン…
でも　定期預金100%でも普通の銀行の定期預金と違って　節税メリットを享受することができますからおトクです
慣れてきたら初心者でもわかりやすいインデックス型やバランス型の投資信託を入れていってもいいですしね
へー！途中で　iDeCoの商品を変更してもいいんですか？
はい　できますよ　方法は2つです　ひとつはスイッチングといって、積み立ててきた資産の一部または全部を売って新しい商品を買い直すこと
もうひとつは積み立ての配分を見直す方法です
たとえばAとBの商品を50%ずつ買っていたとしますAを70%にBを30%…というように変更することも可能です
A
B
A
B
なるほど～
さっそくやってみます！

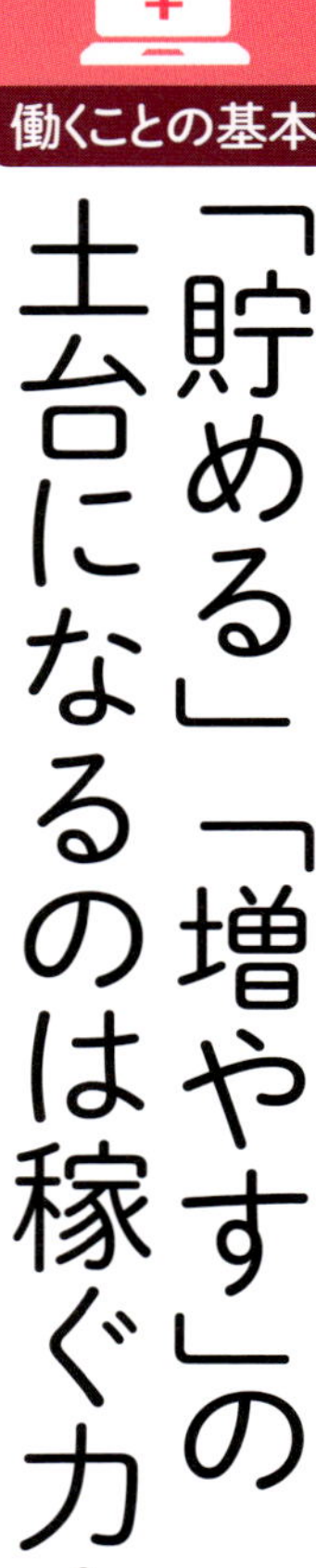

「貯める」「増やす」の土台になるのは稼ぐ力！

貯める
増やす
UP
稼ぐ力がアップすると
増やしやすいし貯めやすい！
稼ぐ

稼ぐ力を磨くことは大きな武器になります

お金を貯めたり、増やしたりすることの土台になるのは「稼ぐ力」。いくら貯めよう、増やそうと思っても、稼ぐことがそもそもできなければ思い通りにはいかないものです。

最もリスクを取らずして、確実にお金を増やす方法は、自分自身に投資をして稼ぐ力を身につけることといえます。老後を不安に思うのは当然の心理ですが、極端な話、たとえ貯金がゼロでも、元気で働ける体力と能力があれば、生活に困ることはありません。人生90年、１００年時代になりつつある今、老後の資金を

みんなが稼いでいる金額は？

会社の規模や学歴、性別で異なってくる平均賃金。働き方を考えるうえでの目安のひとつになるはずです。

会社の規模でみても、学歴でみても、歴然としている男女格差。さらに賃金は正社員や契約社員、派遣社員、パート、アルバイトなど雇用形態によっても違ってきます。

●規模 & 性別でみる賃金（月収・額面）

	大企業	中企業	小企業
男性	384,800円	320,200円	290,900円
女性	268,700円	242,300円	219,100円

出典：厚生労働省「賃金構造基本統計調査」（28年）

●学歴別　生涯賃金

	大学・大学院卒	高専・短大卒	高卒	中卒
男性	2億6,630万円	2億1,260万円	2億670万円	1億8,810万円
女性	2億1,810万円	1億7,420万円	1億4,660万円	1億3,150万円

※学校を卒業し、その後60歳で退職するまでフルタイム正社員を続けた場合の平均的な生涯賃金（退職金を除く）の推計。厚生労働省「賃金構造基本統計調査」（平成26年）をもとに算出。企業規模別の区分は上の「規模別・性別賃金の差」参照。出典：独立行政法人労働政策研究・研修機構「ユースフル労働統計2016」

現役のうちに貯めるのは、かなり大変なこと。しかも一見安定した会社に勤めていても、いつ何が起こるかわからないような時代なので、自分が本当にやりたいことや強みを分析して、スキルアップやキャリアアップを図ることがこれまで以上に重要になってきています。特にシングル女子の場合、自分ひとりで稼いでいかないといけないので、働き盛りの今こそ、稼ぐ力をしっかりと作っていきたいものです。

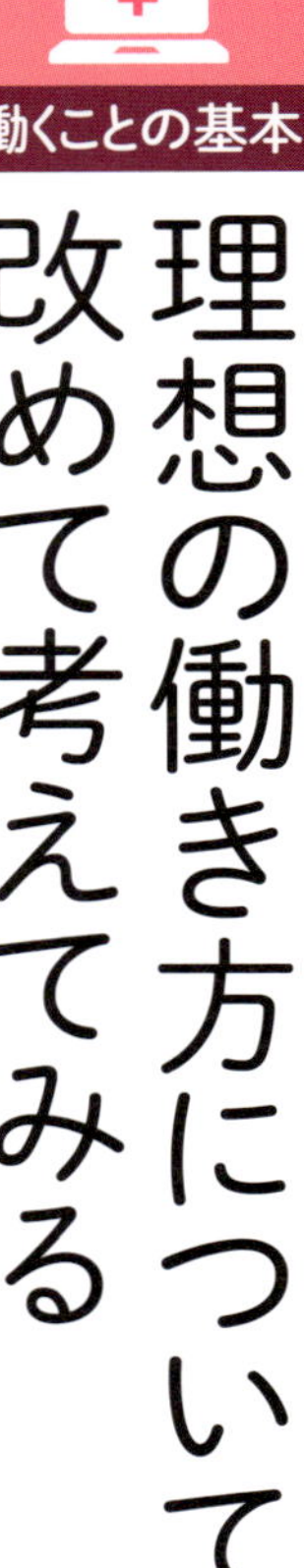

理想の働き方について改めて考えてみる

理想とする働き方に近づくために

「お金を稼ぐ」といっても**とにかく高収入を目指せばよいというものでもありません。それは心と体とお金の3つの健康がそろって初めて幸せといえる**からです。どんなに収入が増えたとしても、心や体がボロボロになってしまったら元も子もありません。

自分の今の心と体と収入の幸福度のバランスを見直してみて、もしどこかのバランスが崩れているのであれば、**雇用形態を見直すことで適切なバランスにすることができるかもしれません。**収入が少ないことで心

働き方による条件面の違い

**どこで働くかだけでなく、どんな働き方をするかで、
給与や待遇などは大きく変わってきます。**

期間を決めて集中的に働くなら

契約社員

特徴 就業先の会社と雇用契約を結ぶ。契約期間が満了したら一から職探しをしなければいけないが、働きぶりによっては、正社員として雇用してもらえる可能性も。

期間 数カ月〜(5年以上は無期。P114参照)

待遇 社会保険はある場合が多いが、昇進、昇格はない。

安定した収入を得られる

正社員

特徴 収入が安定しているので、人生設計を立てやすい。昇給やボーナス、退職金があり、クレジットカードを作るときやローンを組むとき、審査に通りやすい。

期間 長期契約

待遇 社会保険があり、給与には職能に応じた手当がつく。

自分の強みを生かせる

自営業

特徴 得意分野を仕事にでき、自由度が高い。収入は不安定だが、人間関係のストレスが少ない。定年退職がなく、スキルさえあれば年齢に関係なく働くことも。

期間 無期限

待遇 基本的に国民健康保険、国民年金に加入する。

派遣会社に仕事を紹介してもらえる

派遣社員

特徴 派遣元会社と雇用契約を結び、契約が満了したら、派遣会社から次の会社を紹介してもらえる。自分の特技を生かせる仕事や勤務時間、勤務地を選ぶことも。

期間 数カ月〜3年

待遇 ボーナスや退職金はなく、給与は時給制が基本。

フレキシブルに時間を選べる

パート・アルバイト

特徴 パートとアルバイトの法律上の違いはなく、曜日や時間帯を自分で選んで働くことができるのが特徴。正社員と違ってダブルワークを認められることが多い。

期間 短期〜長期

待遇 労働時間によっては社会保険に加入できることも(P123参照)。

ライフスタイルによって働き方を選べる時代です

雇用形態や労働環境が多様化するなか、仕事を通して実現したいこと、理想とする働き方を具体的に思い描いて、ライフプランを立てることが今後ますます重要になってきます。どんな働き方があるのか知っておくことは、その手助けになるはずです。

配ごとが増えて心のバランスも崩しているような場合は、**収入アップにつながる雇用形態や転職を考えてもいいかもしれませんし、収入は十分あるがストレスや体力的に厳しいのであれば、もう少し余裕のできる働き方もできるかもしれません。**59ページに示したご自身の毎月の支出額を元に今いくら稼ぐ必要があるのか？ もぜひ見直してみてください。

稼ぎ
上手になる

働くことの基本

ひとりの力で生きるには正社員は安心できる働き方

安定した収入と社会的信用度の高さが魅力

正社員には実を言うと法律上の定義がなく、契約社員と違って期間を定めずに雇われ、月18日以上フルタイムで働く形態を一般的に指しています。**メリットは、やはり安定感。**残業や休日出勤など労働時間が比較的長かったり、会社の方針が第一で仕事を選べないというデメリットはあるものの、**一度正社員として採用されれば、リストラや会社の倒産などがない限り、基本的には定年まで働き続けることができます。**社会的信用度も高いので、女性がひとりで生きていくうえでも何かと安心です。

サラリーマンのお金事情

国税庁が毎年発表している「民間給与実態統計調査」で、
民間の会社に勤めている人の給与の実態をチェック！

●年齢階層別の平均給与

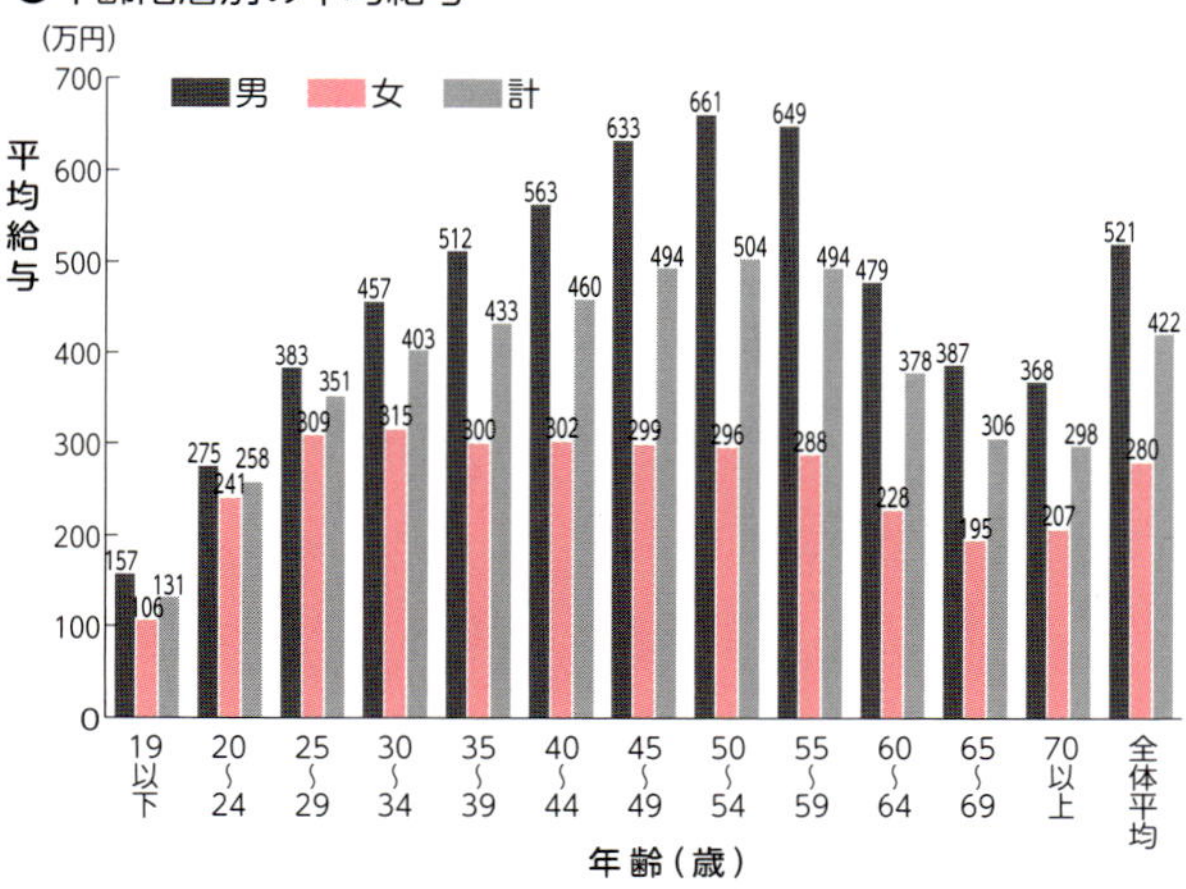

女性の平均年収は男性の2分の1強の280万円

男性の場合、55歳未満までは年齢とともに平均給与が高くなっていますが、女性の場合、25歳以降59歳までは300万円前後でほぼ横ばい。男性のように年功序列制とはいかないのが現状のようです。

●勤続年数別の平均給与

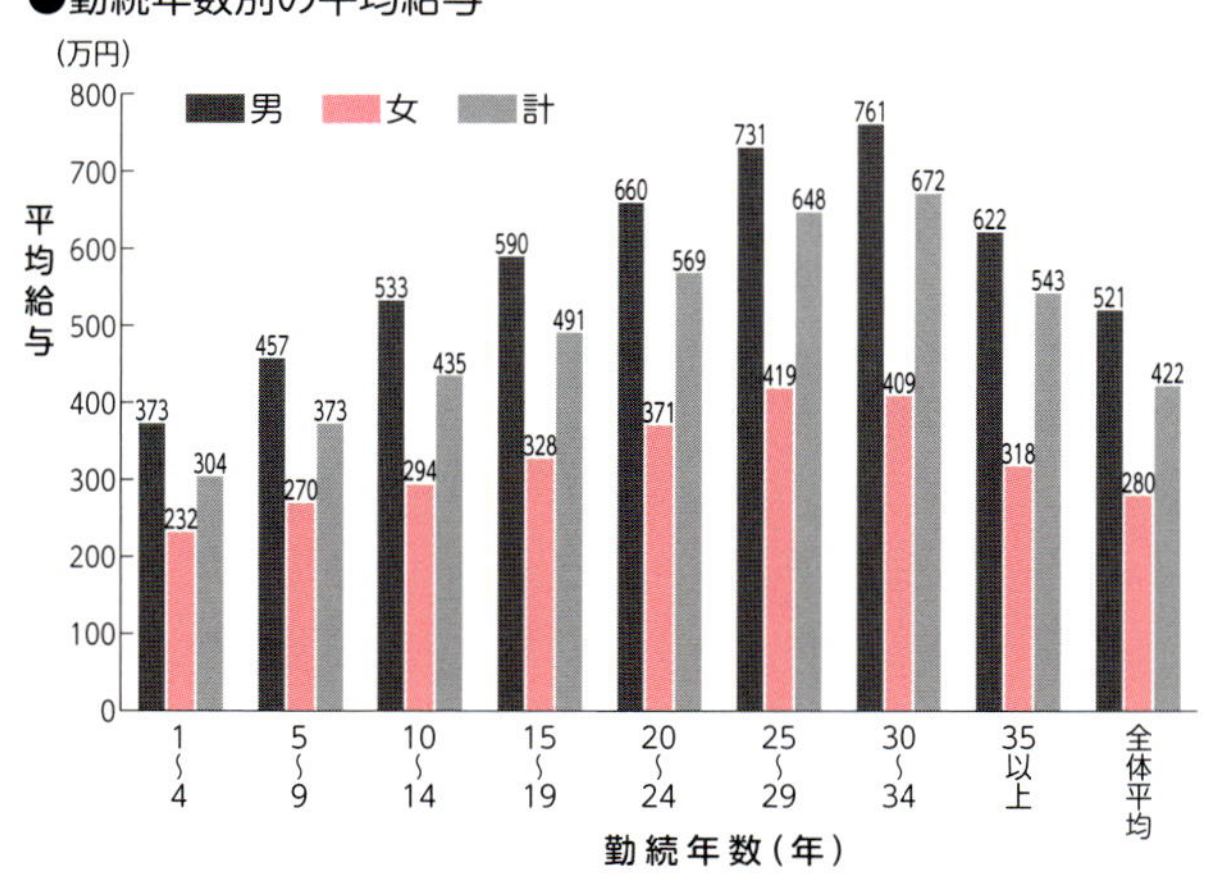

女性は勤続年数25〜29年が最も高く419万円

女性は30年未満までは勤続年数に比例して平均給与が上がっていますが、男性と比べると上昇率はかなり控えめ。女性の場合、一般職の割合が高いこともその理由のひとつにあると考えられます。

出典：国税庁　民間給与実態統計調査（平成28年）

正社員は収入が比較的安定しているだけでなく、融資を受けるときも社会的信用が高くなります。また、会社によっては住宅手当や家族手当がもらえたり、福利厚生が充実しています。

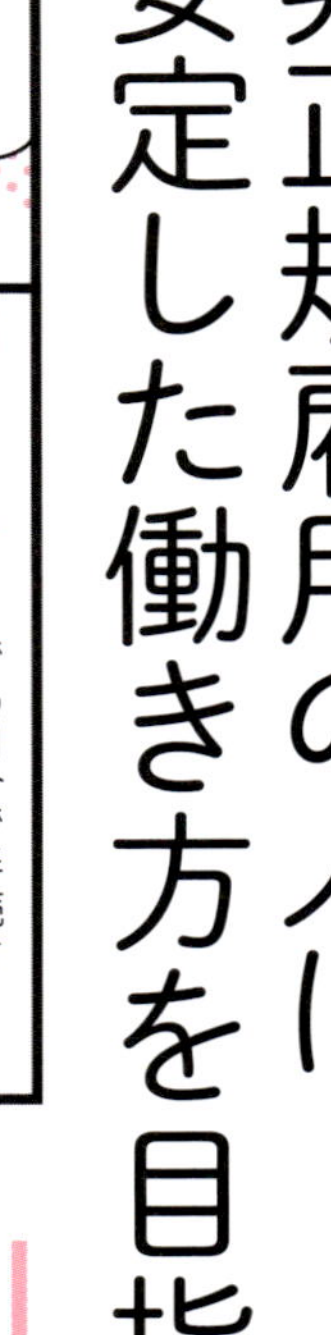

非正規雇用の人は安定した働き方を目指そう

女性に多い非正規雇用シングル女子の場合は…

非正規雇用とは契約社員、派遣社員、パートタイム、アルバイトなど、期間の定めがあったり、フルタイムではない働き方のこと。女性は増加傾向にあり、自分の都合のいい時間に働くために選んでいる人もいれば、正社員になれなかったからという消極的な理由の人もいるようです。

積極的に非正規雇用を選んでいるのは、家事や育児をしている既婚者が多いのも事実。自由はきくけれども不安定なので、**シングル女子はできれば正社員を目指しましょう**。

安心して働ける環境を作る

正社員より相対的に賃金の低い非正規雇用者は、待遇面をより意識して仕事を選ぶ必要があります。

非正規雇用は賃金が低い傾向に

雇用形態別に平均賃金を時給ベースで換算すると、非正規雇用者は正社員や労働時間がより短く設定されている短時間正社員よりも、数百円も低くなっています。

●平均賃金（時給）

正社員	1,950円
正社員（時短）	1,410円
非正規	1,299円
非正規（時短）	1,060円

出典：厚生労働省　賃金構造基本統計調査（平成28年）

継続して5年間契約を更新したら「無期転換ルール」が適用されます

同じ会社との間で5年を超えて契約が更新された場合、働いている側が申し込みをすれば、期間の定めのない契約に転換されるルールが、2018年4月から施行されています。現在の労働環境が気に入っていて、長く働きたい人には向いていますが、契約社員であることは変わらないため、正社員に登用される道が狭まってしまうという心配も。給与などの待遇について、きちんと交渉する姿勢も大切です。

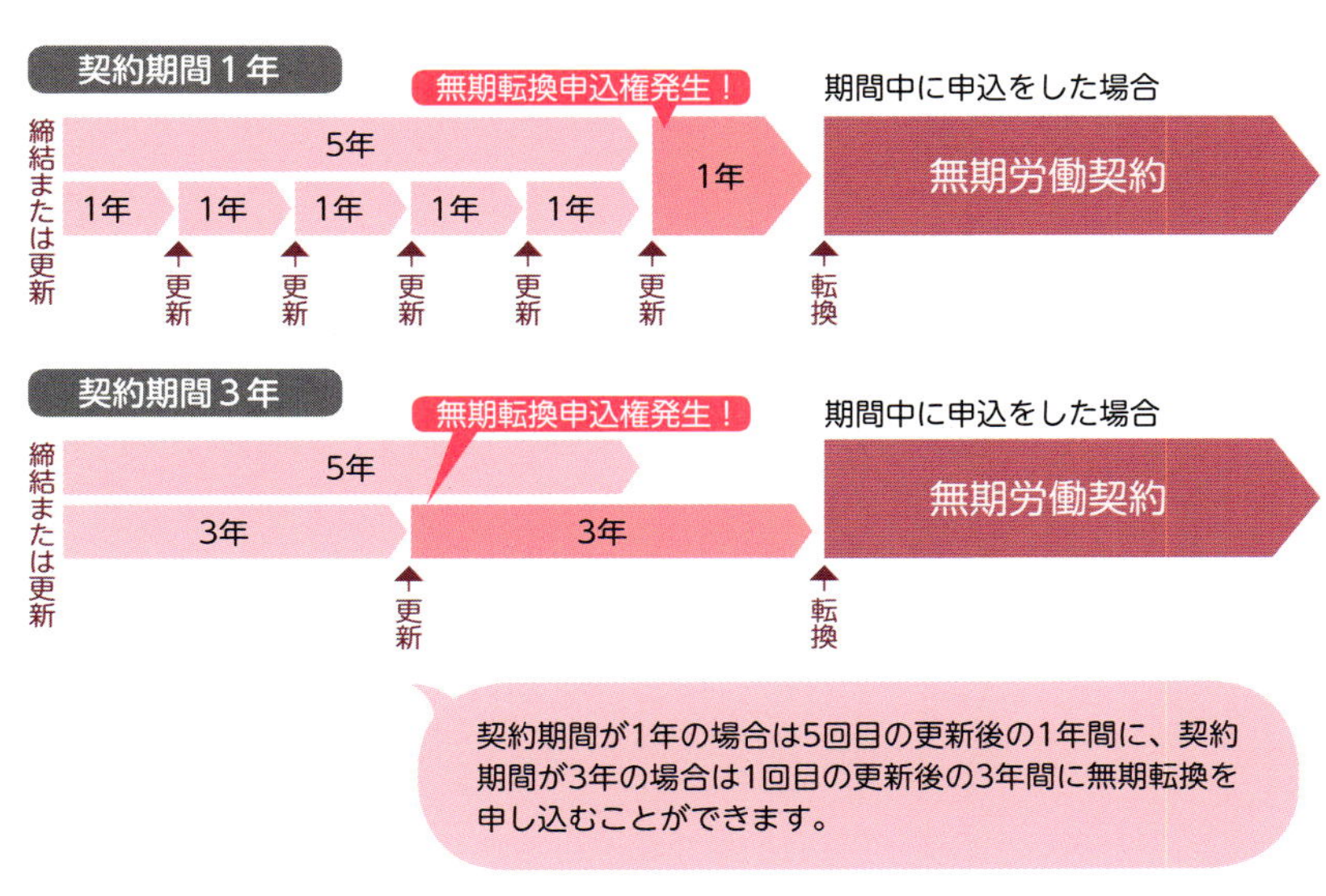

稼ぎ上手になる

¥

働くことの基本

給料や条件面アップのために転職するのも一案

転職を実行に移す前に改善策はないか考えてみる

日本の労働人口の減少に伴い、人手不足の時代がしばらく続きます。心と体と収入のバランスを整えるためには、転職もひとつの選択肢でしょう。「年齢が」と心配する人もいるかもしれませんが、実際に40歳過ぎでも45歳過ぎでも、**最後のチャンスと思ってまったく新しい業界に飛び込んで成功している人もいます**。また、日本にはセーフティネットがあるため、たとえチャレンジに失敗したとしても食べていけないほどの生活に陥る心配はしなくてもよいでしょう。

転職して環境を改善するために

転職を働き方や待遇の「改悪」ではく「改善」にするために、転職をキャリアアップやステップアップと呼べるものにするためにも、じっくり考えて計画的に実行しましょう。

「賃金が増加した」人は40.4%

転職して賃金が増加した人は4割いるものの、減少した人も36.1%います。年齢別に見ると45歳以降は、減少した人のほうの割合が多くなっていくようです。

これまでの経験を生かしたほうが有利

会社側が転職者を採用する際に重視するポイントは、「これまでの経験・能力・知識」が最も多く、専門性の高い分野では特にその傾向が見られます。

●転職者の賃金の変化

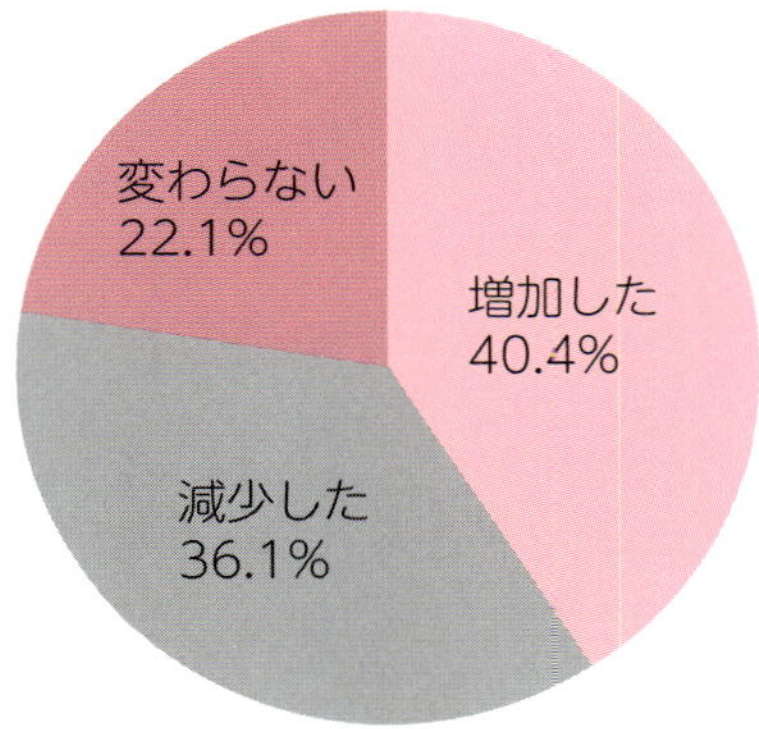

出典：厚生労働省　平成27年転職者実態調査の概況

こんなことに気をつけて！

何を基準に会社を選ぶか考える

給与は大事ですがそこばかりに目が行ってしまうと、大事なことを見落としがち。やりたい仕事はできそうなのかなど、慎重に検討しましょう。

転職準備はしっかり入念に

思いきりも大事ですが、先走るのは危険。まずは自己分析をしっかりして、得意不得意を見極めましょう。今の職場が忙しい時期の転職活動は避けて、よきタイミングを狙って。

今の仕事先に迷惑がかからないように

転職活動をしていることが今の会社に知られてしまったとしても、一方的に解雇されることは認められませんが、職場の人との関係がギクシャクして居づらくなってしまうことも。

在職中に次の転職先を見つける

退職後、時間に余裕ができてから転職活動をするのは必ずしも悪いことではありませんが、次の職場がすぐに決まるとは限りません。貯金が目減りして結局妥協してしまう恐れも。

ただ、**転職というイチかゼロかの選択肢だけではなく、部署異動や週末起業（専業主となり、週末を利用してビジネスを行うこと）などの選択肢も検討してみて**ください。週末の趣味から独立して成功する人も中にはいます。

稼ぎ上手になる

働くことの基本

自営業者は将来の蓄えを自分でプラスすること

自由だけど不安定 どんな人に向いている？

働く時間をフレキシブルに調整できたり、稼ぎ方も自由に決められる**自営業者（フリーランス）は、独立心の強い人や、やりたいことが明確にある人、自己管理のできる人に向いている働き方**といえるでしょう。

一方で収入が不安定だったり、病気やケガで会社を休んだときに出る傷病手当金や厚生年金がなく、会社員であればすべて会社がやってくれる税金や社会保険の手続きも自分で行わなければいけません。退職金もないので、**将来のお金は自分で計画的に貯蓄していく必要**があります。

自営業者の待遇と将来設計

すべて自分でやっていかなければいけない自営業者は、将来のお金をどのように貯めていけばいいのでしょう。

1 働く場所や時間に自由がきく
2 自分の価値基準で仕事を選べる
3 収入を増やすこともできる

1 会社員であれば会社が半分負担してくれる、保険や年金もすべて自己負担
2 ローンやクレジットカードの審査が通りにくい
3 収入が不安定で退職金がない

ボーナスや厚生年金、退職金のない自営業者。老後資金を貯めるための公的制度やサービスがいくつかあるので（以下参照）、上手に利用していきましょう。

取引先が「もしも」の事態に陥ったら「経営セーフティ共済」

内容
取引先の倒産など不測の事態が起こったときに、連鎖倒産や経営難に陥るのを防ぐために、お金を貸してくれる共済制度。中小機構が運営。

加入資格
継続して1年以上事業を行い、資本金や従業員数などの条件を満たしている個人の事業者や中小企業者。

掛け金
月額5,000円～20万円までの範囲（5,000円単位）で自由に選べて、総額が800万円に達するまで積み立てることができる。

年金を増やす方法

付加年金
国民年金の保険料に付加保険料400円を上乗せして納めることで、将来的に受給する年金額を増やすことができる（P39参照）。

民間保険会社の個人年金
各保険会社の商品で、契約時に定めた年齢から、一定期間もしくは一生涯にわたって年金を受け取れる貯蓄型の保険。

国民年金基金
国民年金に上乗せして、会社員などと同じように「2階建て」にできる公的な年金制度。節税メリットもある（P39参照）。

小規模企業共済
個人事業主や小規模な会社の役員が積み立てて、退職や事業を廃止したときに受け取ることのできる共済制度（P39参照）。

iDeCo
投資信託、定期預金、保険などで積み立て、60歳以降に年金または一時金で受け取る個人型確定拠出年金（P96参照）。

稼ぎ上手になる

仕事とお金

給与明細の見方をマスターする

手取り金額だけをチェックしていませんか？

会社などに勤める人が毎月もらう、給与明細。手取り金額のみをチラッと見たり、口座に振り込まれた金額を確認して、封すら開けたりしないという人もいるかもしれません。しかし**給与明細には、自分がもらえるお金だけでなく、支払ったお金にまつわる情報など大事なことがたくさん記載**されています。手取り以外のお金を〝なかったもの〟にするのではなく、**自分で一生懸命稼いだお金が何にどのくらい支払われているのか把握することは、マネーセンスを磨くうえでとても大切**なことなのです。

給与明細は3つのパーツで構成

**まずは、給与明細の構成とそれぞれの意味を把握。
あとあと必要になることもあるので最低2年は保管を！**

①勤怠

残業時間や有給日数をチェック

「勤務日数」や「欠勤日数」「遅刻」「早退」「残業時間」「有給消化日数」「有給残日数」などが記載。

point!

使っていない有給は次の年に繰り越しでき、2年間有効。残業時間・残業代は間違いやすいポイントなので確認すること。

0000年　0月分　給与

○○○○　様　　　　株式会社○○○○

支給	役職手当	資格手当	住宅手当					
	250,000							
	残業手当	通勤手当				課税合計	非課税合計	総支給額合計
	12,000	12,000				26,200	12,000	274,000
控除	健康保険料	介護保険	厚生年金	雇用保険	社会保険合計	課税対象額	所得税	住民税
	12,870		23,790	822	37,482	22,451	5,680	13,000
	財形貯蓄		借上社宅					
								控除額合計
								56,162
勤怠	出勤日数	有休日数					有休消化日数	有休残日数
	19	0						
	残業時間							
	7.5							
合計								差引支給額
								217,838

給与の話をしているときによく耳にする「額面」と「手取り」。額面とは税込みの総支給額のことで、手取りとは税金や社会保険などが引かれて、実際に手元に残るお金のことです。

②支給

基本給、その他手当はいくらか

会社から支給される「基本給」のほか「通勤手当」「時間外労働手当」「出張手当」「住宅手当」などさまざまな手当が記載。

point!

原則、ボーナスは基本給をベースに計算するので、手当が多いと手取り金額に対してボーナスが少なく感じることも。

③控除

保険や税金の額をきちんと把握する

給料から差し引いて支払われた保険料や税金。「健康保険料」「厚生年金保険料」「雇用保険料」「所得税」「住民税」など。

point!

各保険料は毎年4～6月の給料の平均額で決まるので、残業が増えてこの間の給料が高くなると保険料が上がることに！

給料から引かれるのは社会保険と税金です

総支給額から2割ほど引かれているその中身は？

社会保険とは、複数の公的保険の総称。企業側は一定の条件を満たしている労働者を社会保険に加入させる義務があり、**基本的に正社員は左ページの4つの保険に必ず入ること**になります。加えて**所得税と住民税という2種類の税金も支払っていて、給料の総支給額から2割程度引かれた金額を手取りとして受け取っています**。結構な額が保険や税金で消えていく……と思っているかもしれませんが、保険は入っていると安心なものばかりなので、それぞれの役割を理解しておきましょう。

引かれるお金の種類と活用法

**給料から天引きされている税金や社会保険は、
義務であり、いざというときに助けてくれるものです。**

引かれる税金 2 種類

所得税

国に納める税金。社会保険料を差し引いたあとの給与の額から、概算で計算した金額が毎月天引きされ、年末に過不足分が調整されます。

住民税

1月1日に住所のある都道府県と市町村に納める税金。定額で課税される「均等割」と、前年の所得に応じて課税される「所得割」の2種類。

point! iDeCo（P96参照）や、応援したい自治体に寄付をする「ふるさと納税（P127参照）」で、節税ができます。

引かれる社会保険料 4 種類

介護保険料

40歳以上が対象。寝たきりや認知症などで自力での生活が困難になったとき、介護サービスを受けることができます。

健康保険料

病気やケガによる通院や入院の際、医療費が3割負担に。出産育児一時金や傷病手当金の給付も受けられます。

雇用保険料

失業したときの生活保障として基本手当を受けられたり、再就職支援、育児や介護で休業したときの手当もあり。

厚生年金保険料

老齢で退職をしたときだけでなく、身体に障害を負ったり、死亡したときに、本人や家族が年金を受給できます。

**非正規雇用者も
社会保険に加入できます**

契約社員やパートタイマーも、一定の条件を満たせば社会保険に加入することが可能です。勤務先に確認してみましょう。派遣社員についても同様ですが、勤務先ではなく派遣元会社で加入することになります。

条件

勤務時間および日数が正社員の4分の3以上であるか、以下の5つの条件を満たしている必要があります。

1 所定労働時間が週20時間以上であること
2 月給８万8,000円（年収106万）以上であること（手当は含まず）
3 １年以上継続して事務所に勤務、もしくは勤務する見込みがあること
4 学生ではないこと
5 従業員501人以上の会社に勤めていること（ただし500人以下でも、労使で合意すれば加入可能）

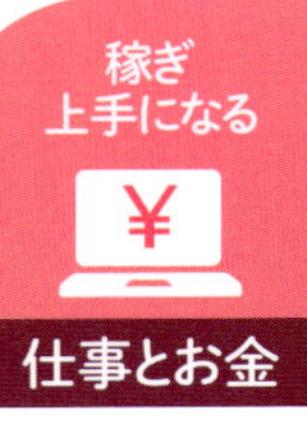

会社員でも確定申告をして払いすぎた税金を取り戻す！

会社員だからといってスルーしてはもったいない！

確定申告とは、1年間の所得に対して納めるべき税金の額を計算して確定させること。それによって追加で納税したり、納めすぎたぶんを戻してもらうことができます。ひと言で税金といってもさまざまですが、一般的には所得税の確定申告を指しています。**会社員の場合、税金は基本的に給料から天引きされ、年末調整で正しい税額が出るため、大部分の人は確定申告は必要ありません（P127参照）。しかし左ページのようなケースだと、確定申告をすることで払いすぎた税金が戻ってくる可能性も！**

確定申告で還付される例

確定申告で税金を取り戻せる可能性のある主な例は以下の通り。面倒くさがらず、ぜひ手続きを！

高額な医療費がかかった

世帯の医療費が10万円を超えた人、あるいは200万円以下の所得でその5％を超えた人が対象。セルフメディケーション（薬局で特定の市販薬を1万2,000円以上購入）も対象になりますが、申告はどちらかしかできません。

還付申告とは?

確定申告のなかでも納めすぎた税金を返してもらう手続きを、「還付申告」といいます。会社員でも年末調整では精算できないものが主になっています。

退職して再就職しなかった

年の途中で退職して、その年の12月31日までにどこの会社にも所属していない場合、年末調整を受けていないので、確定申告をすれば税金が戻ってくるケースが多いです。

退職して退職金を受け取った

退職する際「退職所得の受給に関する申告書」を提出しないで退職金を受け取ると、一律の額で源泉徴収されるので、払いすぎた税金の還付を受けることができます。

ふるさと納税（P127参照）などで寄付をした

国や市町村、日本赤十字社やユニセフなど社会に貢献する公益法人、私立学校、政党などに2,000円を超えて寄付した場合。

マイホームを購入した

マイホームを一定の条件のローンを組んで購入したり、特定の改修工事をしたりすると、年末のローンの残高1％に当たる税金が戻ってきます。

株や投資信託を売って損をした

株や投資信託で得た利益には20％ほどの税金がかかります。損失が出たときは譲渡所得の繰越控除として確定申告を行い、3年間の損失を繰り越すことが。利益が出た年に控除できるので、節税対策に。

災害や盗難被害を受けた

台風や地震などの災害、盗難に遭って損害を受けたときは、雑損控除の対象に。これを受けない場合は、災害減免法で所得税が軽減されることも。

稼ぎ上手になる

仕事とお金

確定申告の手続きのスケジュールと方法を知る

住んでいる地域の税務署が確定申告の窓口です

確定申告の対象期間は1月1日～12月31日の1年間。この間の個人の所得を計算して、必要書類とともに**翌年2月16日～3月15日に管轄の税務署に申告**します。書類の提出方法は次の3つ。①税務署に直接書類を持っていく ②郵送 ③e－Tax（イータックス）という国税庁のオンラインサービスで行う。

申告にはマイナンバーとそれを証明する書類、銀行口座番号、印鑑なども必要。還付金は通常、申告してから1カ月～1カ月半後に、記載した銀行口座に振り込まれます。

確定申告の手続きをする

申告する内容によって用意する書類が異なるので、慣れない場合は特に余裕をもって行いましょう。

12月〜

源泉徴収票を受け取る

勤めている会社からもらえる源泉徴収票は、1年間の給料の額や税金として支払った額を記載したもの。確定申告の際に提出し、申告書を記入するときも必要な情報となります。

1月〜

書類を準備する

税務署に置いてある確定申告書（ダウンロードして印刷も可能）と、医療費控除であれば医療費のレシートや明細書など、申告する内容によって必要な書類を準備します。

〜3月15日までに

税務署に申告書を提出する

確定申告の義務がある人は、2月16日 〜3月15日の間に申告をする必要がありますが、還付申告の場合は、申告する対象の翌年1月1日から5年間、いつでも書類を提出できます。

確定申告 Q&A

Q 会社員でも必ず確定申告をしないといけない人は？

A 給与の年間収入が2,000万円を超えている人、2カ所以上から給与をもらっている人、所得が20万円を超える副業（P130参照）をしている人は、確定申告をする必要があります。

Q ふるさと納税をすると、絶対に確定申告をしないとダメ？

A ふるさと納税は原則として確定申告が必要ですが、「ふるさと納税ワンストップ特例制度」を利用すれば、確定申告をしなくてOKです。ふるさと納税先の自治体が1年間で5自治体までであれば、この制度を活用することができます。

わからないことは税務署に相談！

確定申告は、日常ではあまりなじみのない煩雑な作業なので、初めての人がわからないのは当たり前。税務署では電話での相談を受け付けているほか、直接出向いて相談しながら作成することもできます。ただし確定申告期間中は非常に込み合うので、早めの対応を！

「ふるさと納税」ってどんなもの？

ふるさと納税とは、応援したい地方自治体へ寄付をすることで、所得税と住民税が安くなる制度。そのうえ、お米やお肉などの特産品がお礼品として贈ってくれる自治体も。

稼ぎ上手になる

収入の補てん

将来のためのキャリアアップ・スキルアップを考える

似ていても意味が異なるふたつの「アップ」

キャリアアップとスキルアップは似ているようで異なります。前者の**「キャリア」は経歴や経験を意味し、より責任があって高収入が見込めるようなポジションにつくこと**。昇給・昇進や、契約社員から正社員になることも当てはまります。スキルアップの**「スキル」は技能や能力を意味し、仕事に必要なそれらを身につけること**。資格を取ること以外にも、コミュニケーションや気づかいなども立派なスキルといえるでしょう。2つは相関関係にあるので、バランスよく磨いていきましょう。

将来を見据えてプランを練る

若いうちはトライアンドエラーのできる時期。シングルであればなおさらです。将来のためにいまやるべきこととは？

キャリアアップ 

キャリアアップを望むのであれば、まずは今いる会社のなかでできることを考えてみましょう。そのうえで、これまでのキャリアをより生かせるような場所がほかであるなら、転職するのもひとつの手です。

スキルアップ 

新しいことに挑戦するのもいいですが、同じ仕事をよりスピーディにできるよう努力したり、いまあるスキルを磨いたりすることも大事。大げさに考えなくても、スキルアップの方法はたくさんあるはず。

! 考え方のポイント

仕事に対する価値観はそれぞれなので、必ずしも「仕事ができること＝成功、幸せ」ではありません。ただし仕事でもプライベートでも、自分が5年後、10年後、どんなふうになっていたいのか思い描くことは大事です。

資格を取るなら生かせるものを厳選！

資格取得はわかりやすいスキルアップといえますが、受講料やテキスト代、受験料などそれなりにお金もかかります。まったく生かせないような資格を取ることは、死に金になってしまうので、今の仕事やこの先やりたいことに本当に必要かどうか、きちんと考えてから実行しましょう。

1. 今の仕事につながる資格
2. 自分が好きなことの資格
3. 転職先に有利となる資格

人気の資格

● 医療事務

医療事務検定試験など複数あり。受付や会計、カルテ管理など、病院や診療所で活躍でき、比較的安定して求人がある。

● ファイナンシャルプランナー

国家資格と民間資格があり、国家資格は1～3級の3段階。金融機関、保険会社、不動産会社、会社の経理などで求められます。

● 行政書士

国家試験に合格して取得。企業や個人から依頼を受け、官公署に提出する書類を作成・提出します。近年女性の割合が増加。

● 介護事務

介護事務実務士など複数の民間資格が存在。介護サービス施設・事務所などで受付、介護報酬請求業務などを行います。

〃プチ副業〃でお金を少しでもプラスする

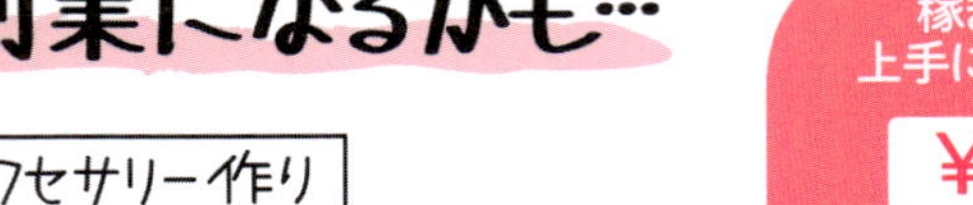

今後は副業OKの時代がやってくる!?

副業とは、収入を得るためにする本業以外の仕事のこと。これまでは多くの会社が副業を禁止していましたが、政府の「働き方改革」により**副業を積極的に認めるケースが、大手企業を中心に増えています**。といっても、法律上は副業に関する明確な定義がなく、会社や個人によってさまざまな解釈がなされているのも事実。**会社員（正社員・契約社員）や公務員で副業に興味のある人は、勤め先が副業を認めているかどうか、まずは就業規則を確認**してみてください。一般的には給与所得以外の所

副業のやり方もいろいろです

副業をするうえでいくつか押さえておきたい点について
まとめて見ました。

年間所得が20万円を超えると確定申告の必要が！

副業といえども、年間の所得が20万円以上になったら、確定申告をしなければいけません。ただし「収入」ではなく「所得」なので、収入から経費を差し引いた額になります。住民税は金額に関わらず基本的な申告が必要です。

ここに注意！ 正社員の人

20万円以下の副業でも申告する義務があります。

ここに注意！

パート、アルバイトの人

パートやアルバイトをかけもちすると、給与所得が2カ所以上から発生することになるので、確定申告が必要です。

手軽に始められるプチ副業

ブログやクラウドソーシングなどネット関係

ブログでの広告収入や、オンライン上で仕事を発注・受注するクラウドソーシング、有料コンテンツの販売は、趣味や特技を生かせるおこづかい稼ぎに！

週末起業

独立起業に興味のある人は、週末や空いた時間を利用して起業してみるのもひとつの手。たとえば週末だけ手作り小物を販売したり、ネットビジネスをするのは、新たな収入を得られるだけでなく、将来的に本業にすることが可能かどうかを見極める、お試し期間にもなります。

フリーマーケットやネットオークション

個人でものを売買できるフリーマーケットやネットオークションは、手軽なおこづかい稼ぎにぴったり。確定申告をする際は、送料や梱包代などを経費として計上することができます。

フリマアプリいろいろ
メルカリ、ラクマ、
ショッピーズ etc...

得が20万円以下であれば、確定申告は不要です。

副業がOKなのは、自営業。フリーランスのイラストレーターが、カフェでバイトするようなことも可能です。**派遣社員は、派遣会社が禁止していなければ原則として可能で、パートも副業を認めているところが多いよう。**副業をよしとする風潮は、今後さらに広まることが予測されるので、お金をプラスする方法として覚えておくとよいでしょう。

副業禁止でも、
バレなければ
OKでは？

いまはマイナンバーで
いろんな情報が
紐付く時代。
バレてしまったら
自己責任なので、
あとあと困らないよう
会社には
きちんと確認を。

稼ぎ上手になる
¥
収入の補てん

もしも会社を辞めたときに頼りになるのが失業保険

いざというときのために知っておきたい失業給付

転職や独立など自分の意思以外に、リストラや倒産などで会社を辞めさせられる可能性はゼロではありません。一時的に無収入になることは、一馬力のシングル女子にとって死活問題といえるでしょう。そんなとき頼りになるのが、失業保険。正確には「雇用保険の失業給付」といい、雇用保険料として給料から天引きされているのですが、**一定の条件を満たせば正社員だけでなく、非正規雇用者も受け取れます。ただし辞めてすぐにもらえるわけではなく、自分で手続きをする必要があります。**

失業給付をもらうには

**失業給付申請の窓口となるのが、ハローワーク。
会社都合と自分都合では、給付までの流れも異なります。**

失業保険をもらえる人

雇用保険は基本的にすべての事務所が加入しているものですが、この雇用保険に加入して、12カ月以上勤めていたことが受給資格。失業保険は失業中の一日も早い再就職をサポートするものなので、再就職の意志があることも条件になります。

こんなときは受け取れません

- 病気やケガのほか、妊娠・出産などですぐには就職できない人
- すでに再就職が決まっている人
- 会社を設立した人

給付されるまでのスケジュール

会社都合と自分都合の違いは?

退職には「会社都合」と「自分都合」の2種類があり、失業給付金の支給開始日や給付日数に違いがあります。会社都合は、会社側がリストラや倒産などを理由に一方的に労働契約を解除するもの。自分都合は、転職、独立、結婚、引っ越しなど、自分の意思や都合で退職することを意味します。

受給手続きに持っていくもの

❶**離職票**
失業給付の日数や金額などを決める際に必要となる重要な書類。退職して10日前後に会社から届きます。

❷**雇用保険被保険者証**
雇用保険に加入していたことを証明する書類。自分が保管している場合と、勤務先が保管している場合があるので確認を。

❸**印鑑**

❹**預金通帳**

❺**写真**

❻**マイナンバーカード**

会社都合 / 自己都合

1. 会社を退職
2. 会社から離職票が届く
3. ハローワークに受給手続きへ
4. 7日間待機したのち、ハローワークで説明会
5. ハローワークで初めて認定！

【会社都合】（約1カ月でもらえる）
6. 雇用保険（失業給付）第1回振り込み

【自己都合】（約4カ月でもらえる）
給付制限期間（この間3カ月）
7. ハローワークで第2回の認定
8. 雇用保険（失業給付）第1回振り込み

教えて 失業保険Q&A

生活の心配をなるべく軽減させて職探しをするために、覚えておきたい失業保険にまつわるあれこれ。

Q もらえる期間はどのくらい？

A 基本手当を受給できる期間は、原則として失業した日の翌日から1年間。その間に病気、ケガ、妊娠、出産などの理由により引き続き30日以上働くことができなくなったら、その日数だけ受給期間を延長することができます。延長できる期間は、最長で3年間です。

Q 失業保険っていくらもらえるの？

A 1日あたりの受給金額を「基本手当日額」といい、離職日の直前の6カ月に決まって支払われた給与（手当は含むが、ボーナスは除く）の合計を180で割った金額の50〜80％が目安になります。ただし年齢ごとに上限があり、30歳以上45歳未満は7,455円となっています。

Q 再就職したらお金をもらえるって本当？

A 再就職すると失業給付はストップしますが、残りの給付日数に応じて失業給付の5〜7割を「再就職手当」として一括でもらうことができます。ただし給付日数が3分の1以上残っていることや、1年以上の勤務が確実であることなど、いくつか条件があります。

Q 失業したら健康保険と年金はどうすればいい？

A 健康保険は、任意継続という形で在職中の健康保険を継続するか、自治体の国民健康保険に加入します。その際、それぞれの保険料を比較して低いものを選ぶとお得ですし、後者は減免申請も可。年金は離職から14日以内に国民年金に切り替える必要があり、こちらも免除申請を行うことができます。

PART

大きな ライフイベントに 備える

受験、入学、成人、就職……いままでの人生の中でも、節目ごとに大きなライフイベントがあったはず。これからも保険や住宅購入、親の介護や、もしかすると結婚など、さまざまなライフイベントが発生します。いつもお金がないギリギリの生活をしていては、なにかチャンスがあるときに、それをつかむお金がないということになるかもしれません。そんなときに右往左往しないですむよう、今からきちんと準備を進めておきましょう。

民間の保険って入っておくべきなの？

心配だからと入りすぎると「保険ビンボー」になる場合も

保険とは、身の回りで事故などが起こったときに、経済的なリスクをカバーするためのものです。貯蓄だけで対処できるのであれば、無理に入る必要はありません。

健康保険や介護保険（P120～121の給与明細の項参照）、年金など、老後の経済的な心配は、**ある程度社会保険でカバーできます。民間の保険は、社会保険で不足する分を補うという考え方で、入るかどうかを検討**しましょう。シングル女子があれもこれもと保険を手厚くし過ぎると、「保険ビンボー」になりかね

シングル女子におすすめの保険

闇雲に保険に入るのではく、
目的をよく考えて自分に合った保険を選んでいきましょう。

1 医療保険

病気やケガで入院·手術などをしたときに給付金を受けられる保険です。入院1日当たり5,000円、1万円などの給付金が出ます。 →P138参照

2 がん保険

医療保険の中でも、がんに特化した保険です。がんによる入院や通院に対する給付金のほか、がんと診断された時点で、一時金が支給されます。必要がない場合は掛け捨てになります。

→P140参照

3 所得補償保険

病気やケガで働くことができなくなったとき、契約に決められた金額が給付されます。

→P142参照

介護保険

介護状態になった場合に、一時金や介護年金が受け取れます。公的介護保険だけではカバーしきれない諸費用が発生した場合に心強い保険といえるでしょう。 →P144参照

生命保険

死亡した場合に、残された家族に対して保険金が支払われます。親を扶養していないのであれば優先順位は低く、貯金が200万円ほどあるならば、加入はしなくてよいでしょう。 →P146参照

ません。

シングル女子が民間の保険に入る場合に選びたいものを、上記にピックアップしました。1位から順におすすめになっています。

一番よくないのは、「何となく加入」することです。自分にとって必要な保険と、そうでないものを見極めることが大切です。たとえば死亡保障は、シングル女子に本当に必要なのか考えてみましょう。親を扶養している人は必要ですし、そうでない人は貯蓄も残せますので不要です。詳しいことは次のページから見ていきましょう。

ポイント
社会保険でカバーできることもあるので、入りすぎないように注意。なんの保険に入るか迷う場合はファイナンシャルプランナーに相談しても。

もしものときに

保険

シングル女子におすすめの保険1位 医療保険

ベッド代・シーツ代
食事代
医療費の自己負担
×30日!?
もっと長引いちゃったら…いったいいくらかかるのー!?

いざというときのための安心料として加入しましょう

医療保険は病気やケガなどに備える保険です。入院や手術などが必要になったとき給付金が受け取れます。

公的な健康保険には高額療養費制度があり、一般的に医療費が1カ月約9万円を超えた場合は、お金が戻ってきます。貯蓄が100万円くらいあるなら、医療保険には加入しなくてもよいかもしれません。

ただ、入院時に個室を希望するなど、どんな処置をしてほしいかによって、お金が必要になることもあります。**入るのであれば、シングル女子の場合、入院時に1日5千円が支**

入院した場合にかかる費用

さまざまなデータを見て、今の自分に医療保険は必要か、入るのであればいくらくらいかけるのがいいのかを検討しましょう。

健康保険が使えないもの

- 入院中の食事代（1食460円）
- ベッド代（個室などの差額）
- 高度先進医療費
- パジャマ、テレビ代などの雑費
- 自由診療費

健康保険が使えるもの

- 通常の治療費（検査・診察・手術などの治療）
- 入院時の部屋代（個室などの差額ベッド代は除く）

●病気別の平均入院日数

結核	58.7日
胃がん	19.3日
大腸がん	18.0日
糖尿病	35.5日
高血圧性疾患	60.5日
心疾患	20.3日
脳血管疾患	89.5日
アルツハイマー病	266.3日
統合失調症	546.1日

出典：厚生労働省「患者調査」（平成26年）

国の医療費負担を減らすため、入院日数は減る傾向にありますが、脳血管疾患などは長期入院になるケースもあります。

●入院時の自己負担額

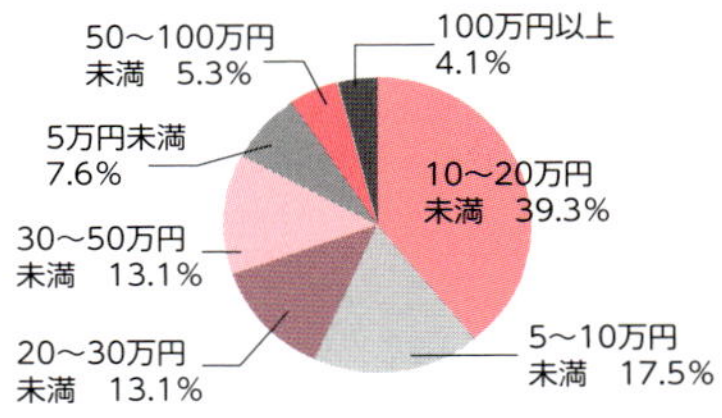

約35%が20万円以上の自己負担額を払っています。いざというときのためにお金の準備は必要です。

出典：公益社団法人生命保険文化センター「生活保障に関する調査」（平成28年度）※治療費・食事代・差額ベッド代などを含む。高額療養費制度を利用した場合は利用後の額。

給される終身医療保険（一生涯、保障が継続する医療保険）の一択でよいでしょう。貯蓄型よりも、掛け捨てでも短期で払い終えて終身まで保障してくれる保険をおすすめします。

医療保険は、入院が長引いた場合などの「安心料」と考えましょう。

医療保険のおもな中身

●通院給付金
退院後、同じ病気で通院した場合に給付金が支給される。

●入院給付金
入院1日当たり5,000円、1万円などの給付金が支給される。

●高度先進医療給付金
厚生労働大臣が定める医療技術や医療機関の治療に対して給付金が支給される。

●手術給付金
手術内容に応じて、入院日額の5倍、10倍、20倍などの給付金が支給される。

シングル女子におすすめの保険2位
がん保険

がんと診断された時点で一時金が支給されます

国立がん研究センターによると、生涯でがんにかかる確率は男性で62%、女性で46%だそうです。がん保険は、がんの治療に特化した医療保険。長期療養や再発のリスクもあるため、がんが心配な人は検討の余地があります。入院や手術を受けていなくても、がんと診断された時点で一時金（100万円など）が支給されるのが魅力。このお金の使い道に決まりはないため、**経済的な安心材料**になります。月々の負担額も低いので、がんが心配なシングル女子は入っておくといいでしょう。

がん治療にかかる費用

がんによっては自己負担額が低いものもありますが、がんの治療は長期間に及ぶことが多いため、長い目で見てがん保険を選びましょう。

がん保険の中身

がん入院給付金

入院1日当たり5,000円、1万円などの給付金が支給される。

がん通院給付金

がんの治療で通院した場合に通院日数に応じて給付金が支給される。

がん先進医療給付金

厚生労働大臣が定める医療技術や医療機関の治療に対して支給される。

がん診断給付金

がんと診断されると、入院や手術をしていなくても、50万～200万円の給付金が支給される。

がん手術給付金

手術内容に応じて、入院日額の5倍、10倍、20倍などの給付金が支給される。

がん保険のほか、シングル女子なら「女性疾病特約」がついてくる保険もおすすめです。子宮内膜症や乳がんなど女性系の病気について、手厚くサポートしてくれます。

●入院時の１日あたりの自己負担費用

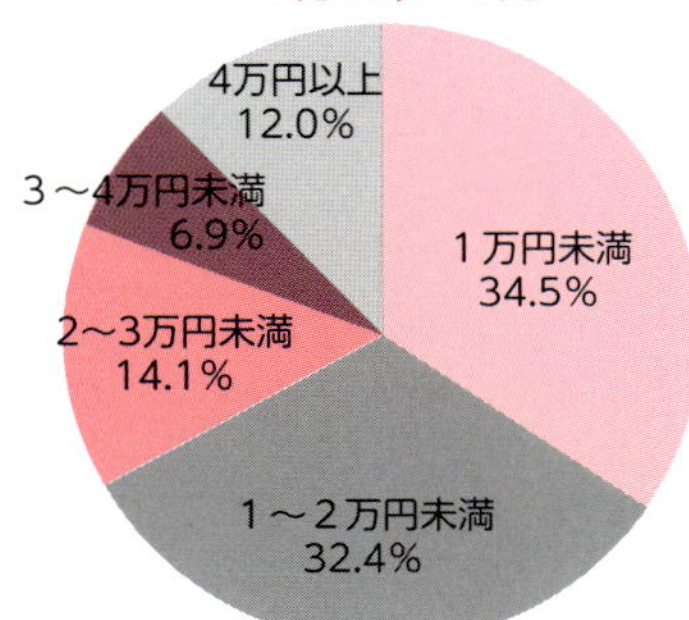

出典：公益財団法人生命保険文化センター『平成28年度生活保障に関する調査』

●がんの種類別治療費一覧（3割自己負担額の平均）

がんの種類	入院費	入院以外でかかる費用
胃がん	181,742円	8,020円
結腸がん	179,795円	12,565円
直腸がん	216,791円	17,378円
肝がん	171,966円	11,799円
肺がん	191,668円	16,386円
乳がん	162,613円	15,045円
子宮がん	178,329円	7,250円
悪性リンパ腫	272,833円	16,276円
白血病	432,411円	24,189円
その他のがん	180,646円	13,195円
良性新生物及びその他の新生物	157,115円	5,341円

※厚生労働省「医療給付実態調査（平成25年度）」をもとに推計

シングル女子におすすめの保険3位 所得補償保険

働けなくなったときに給付金が支給される保険です

病気やケガで働けないというと、老後をイメージしがちですが、実は意外と若い世代でも多いのです。とくに働き盛りの20～40代に多く発生しています。**シングル女子が病気やケガで働けなくなったとき、所得補償保険（別名：就業不能保険）に入っていれば、収入が減った分を保険金で補えるため、安心**。似たような保険に収入保障保険がありますが、こちらは死亡や高度障害になった場合に残された家族の生活費を補う保険です。だれかを養っていないなら、所得補償保険がおすすめです。

所得補償保険と収入保障保険の違い

所得補償保険は働けなくなったときに給付金が支給され、収入保障保険は主に死亡したときに遺族に月払いで給付金が支給されます。

「所得補償保険」は収入ダウンしたときに

➡病気やケガで働けなくなったときの補償（死亡時の保障はなし）
➡月々の所得を補償してくれるので、シングル女子には心強い

働けなくなる原因は？

働けなくなるおもな原因の8割は病気が占めており、残りはケガなどです。そして病気の3割強がメンタル疾患によるもの、次いで生活習慣病によるものとされています。どちらも働き盛りの20～40代に多い疾患となっています。

●長期間働けなくなるリスク

就業ができなくなった場合にとる方法としては、まず有給休暇の申請です。その期間に症状が改善しなかった場合は、健康保険の傷病手当金や障害年金の申請になります。たとえそれがもらえたとしても、大幅な収入ダウンの可能性は高いでしょう。

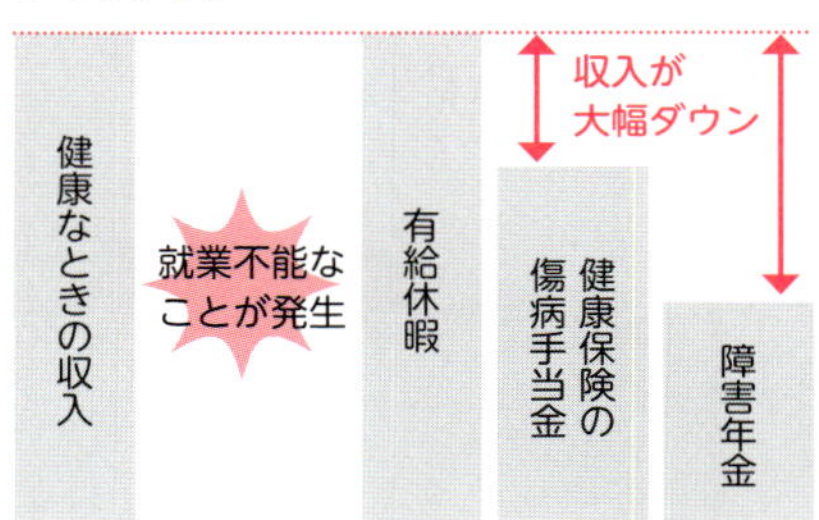

「収入保障保険」は家族に残したいときに

●加入後、少しずつ保険金額が減っていく掛け捨て保険

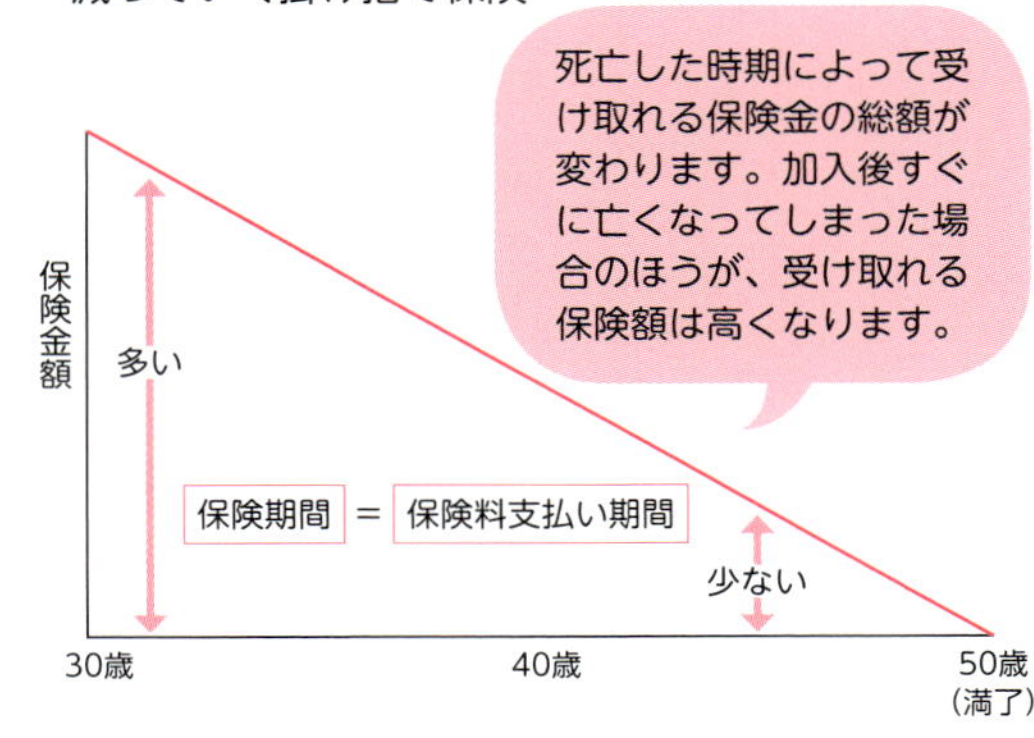

➡低い保険料で大きな保障がある
➡死亡した場合に残された家族に保険金を支給

収入保障保険は、残された家族のための保険です。なかでも、子どもが大きくなるまでの間の教育費や生活費のためという理由が多いようです。

公的保険でカバーできないときに介護保険

自分の老後のために考えておくのもひとつの手

介護に関する保険は、40歳以上になると健康保険と一緒に給料から引かれる公的介護保険に入ります。しかし、公的介護保険の保障を受けられるのは原則65歳以上のため、働き盛りの30～40代で介護が必要になった場合は、民間の保険が味方になってくれます。シングル女子の場合は、介護状態になり仕事ができなくなって収入が減ったときの備えとして、また高齢期になってからの介護にかかるお金も視野に入れて、**保障として将来的に、介護保険を検討しておくといいでしょう。**

民間と公的、介護保険の中身の違い

公的介護保険は、原則65歳以上から。もしものことを考えるなら民間介護保険も検討してみても。

民間介護保険

メリット

- 加入後すぐに保障される
- 現金で支給される
  基準に達した段階で、介護一時金＋介護年金が払われる

> 保険会社Aの例
> 基本介護年金額60万円の場合
> 介護一時金120万円＋介護年金月に60万円（終身）

- 保険料が生命保険料控除の対象となる

デメリット

- 掛け捨てタイプだと、保険を使わなかった場合お金は戻ってこない
- 保険商品によっては保障を受ける基準が厳しい場合も

公的介護保険

メリット

- 要介護度に応じたサービスや助成が受けられる

デメリット

- 保障は原則65歳以上からしか受けられない（若くして介護が必要になってもサービスが受けられない。末期がんなど指定されている16の疾病については40〜64歳も受給可能）
- 現金は支給されないので、介護サービス費以外の費用（シーツ代、おむつ代、水道代など）は賄えない

掛け捨てと貯蓄性による金額は異なります。たとえば30代シングル女子の場合だったら、掛け捨ては3,000円台、貯蓄性は1万円台が相場です。

もしも
のときに

保険

家族に残したいなら生命保険（終身保険・定期保険）

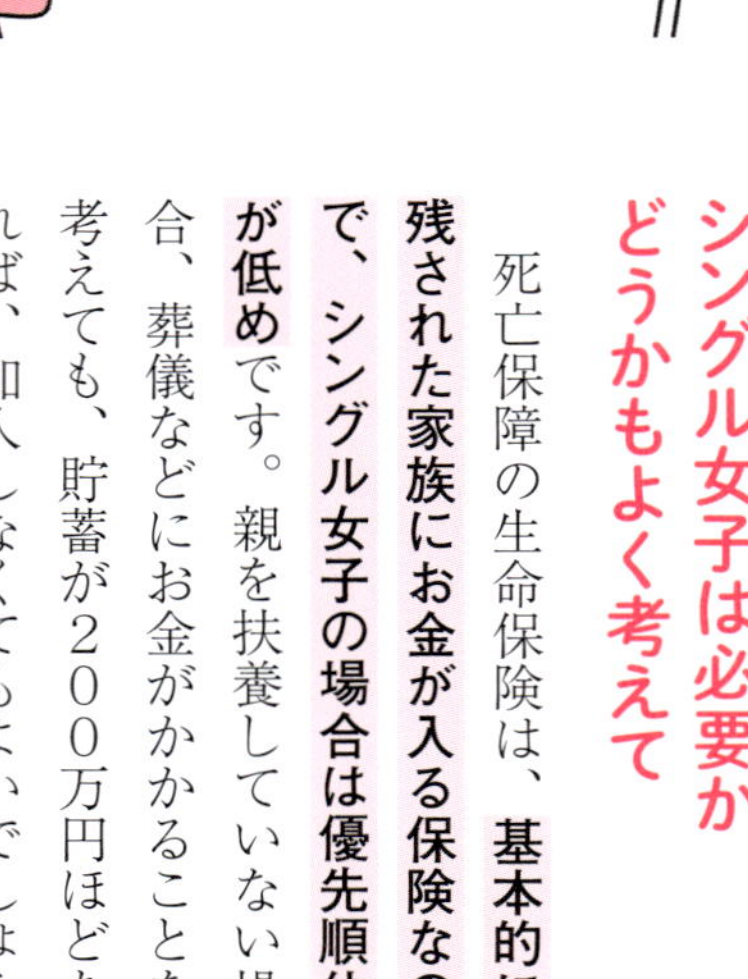

シングル女子は必要かどうかもよく考えて

死亡保障の生命保険は、**基本的に残された家族にお金が入る保険なので、シングル女子の場合は優先順位が低め**です。親を扶養していない場合、葬儀などにお金がかかることを考えても、貯蓄が200万円ほどあれば、加入しなくてもよいでしょう。

ただ、結婚したり子どもができたりすると必要になってくるかもしれません。**ライフステージの変化に合わせて検討して**みましょう。

死亡保障の保険は、主に定期保険と終身保険の2つがあります。定期保険は月々の保険料が安い代わりに、

死亡保障の代表的な種類

死亡保障には、一定期間だけ保障がある定期保険と、払い込みが終わっても一生が保障される終身保険があります。メリット・デメリットを知って選びましょう。

●保険会社A社の例　30歳女性の場合

	定期保険	終身保険
毎月の保険料	約1,000円	約7,800円
保険料支払い期間	10年間	終身
保障期間	10年間	終身
死亡保障	500万円	500万円
満期金	なし	—

保障期間＝支払期間なので、期間中に死亡すれば保障されますが、期間を超えると掛け捨てとなります。とはいえ、月々の支払額が安いので、おすすめです。

保障は一生涯で、満期はありませんが、一般的に払い込み終了後に解約をすれば、元本以上に解約返戻金が支給されます。終身保険の支払は60歳で満了になり、保障も手厚いのですが、月々の保険料が高いため、余裕がある場合にのみおすすめです。

終身保険は解約返戻金もあるため、貯蓄として使うこともできます。

保障期間を超えてから死亡しても、保険金が支払われません。終身保険は月々の保険料は高くなりますが、貯蓄性があり一生涯保障されます。目的に合わせて検討しましょう。

　会社員の人は厚生年金を払っているので、もしものときには、遺された家族には「遺族厚生年金（P36参照）」が出ます。金額は老後に受け取れる「老齢基礎年金」の4分の3です。受け取ることができる遺族は、死亡したものによって生計を維持されていた場合のみで、1配偶者、2父母、3子や孫、4祖父母の順です。シングルならば、受け取る人は2の父母が多いでしょうが、父母が55歳以上の場合でなければならず、かつ60歳まで受け取ることができないのでご注意を。

家は賃貸？ 購入？ それぞれのメリット・デメリット

この先考えていかなければいけない、住まいのこと

将来的に家をどうするのかというのは、大きな問題です。結婚するかもしれないし、転職の可能性もあるような、ライフスタイルの定まっていないシングル女子の場合は特に、家を買うのはまだ早いと思っているかもしれません。「この先どうなるかわからない」という理由で住み替えやすい賃貸住宅を今のところ選択している人も多いでしょう。しかしながら毎月支払う決して少なくない家賃がもったいない気もするし、老後も払い続けられるのか心配です。

いずれにしても住宅の購入は、人

賃貸・購入の長所と短所

住宅を賃貸・購入する場合のメリット＆デメリットは以下の通り。価値観を考える参考にしてみてください。

賃貸

メリット

- 住み替えが気軽にできる
- ローンという大きな借金がない
- 固定資産税、修繕費がかからない
- 火災や地震など建物の保障は大家さんにカバーしてもらえる

デメリット

- 資産として残らない
- 家賃がずっとかかる
- 自分好みの部屋に変えられない
- 家賃が上がる可能性があり、大家さんの決定に影響を受けやすい
- 老後は借りづらくなることもある

購入

メリット

- 土地や建物が自分の資産になる
- 万が一のとき、遺族に家を残せる（団体信用生命保険に加入している場合）
- ローン完済後は家賃がかからない
- 自由に内装を変えられる

デメリット

- 大きな借金を背負う
- 税金や修繕費などの維持費がかかる(P163参照)
- 住み替えにくくなる
- ローンのタイプによっては金利の動向が気になる(P159参照)

生において最も大きな買い物のひとつ。中途半端な知識しか持たずに、焦るような気持ちで勧められるがままに買って、後悔することだけは避けたいもの。一馬力のシングル女子にとっては、家計に無理がないかどうかも重要なポイントといえます。**家を購入する場合も、賃貸住宅に暮らし続ける場合も、それぞれメリット、デメリットがあるので、まずは住まいに対する自分の価値観と照らし合わせて**、じっくり考えてみましょう。

ポイント

よく「35年ローン」といいますが、収入があるうちにローンの返済を終えるためには30歳で家を購入することになります。もちろん40歳でも50歳でも購入できますが、そのための貯蓄が必要になります。

住むところは大事

家の購入

賃貸と購入の住居費を比較してみる

買うのは待って	買ってもいいのでは
貯金がまったくない	潤沢な資金（貯金・親からの援助がある）
結婚するかもなど、まだ将来が不確定な人	「同じ地域に住み続ける」「ずっと独身でいる」など人生設計を固めている
相続する親の家がある	支払っている家賃がもったいないと感じている

お金は大事。でもそれだけにとらわれない選択を！

住宅を購入するかどうか悩んだときによく出てくるのが、「どっちがおトクか」という考え方。つまり**賃貸住宅でずっと家賃を払い続けるのと、ローンを組んで思い切って家を買うのとでは、金額的にどちらが安くすむか……ということなのですが、実はそれほど大きな差はありません。**

住宅というのはご存じの通り、立地条件や周囲の環境、間取り、設備、築年数などで金額が大きく異なるので、単純な比較がしにくいもの。お金の部分にばかりに気を取られてしまうと、自分が本当に望んでいる物

賃貸or購入、どっちがおトク？

シングル女子が賃貸物件と購入物件で暮らした場合（賃貸は引っ越しも含む）の住居費を比較してみましょう。

賃貸　35歳から賃貸の場合　総額5,228万円

35歳～60歳 同じ家賃の場所に４回引っ越した場合	家賃	9万円×12カ月×25年	=2,700万円
	引っ越し代	10万円×4回	=40万円
	契約時の諸経費	36万円×4回	=144万円
60歳～87歳 同じ家賃の場所に２回引っ越した場合	家賃	7万円×12カ月×27年	=2,268万円
	引っ越し代	10万円×2回	=20万円
	契約時の諸経費	28万円×2回	=56万円

（共益費などは家賃に含む）

購入　35歳でマンションを購入した場合　総額5,358万円

物件価格	2,700万円
頭金	200万円
〈2,500万円を35年固定金利1.5％で借りた場合〉 （毎月の返済額　7万6,500円）	総返済額：約3,215万円
諸費用（物件価格の３～4％）	約100万円
管理費・修繕費	18,000円×12カ月×52年＝1,123万円
固定資産税などの概算	520万円
リフォーム代	200万円

※住宅ローン減税は加味せず　※数字は一例です

件なのか判断が鈍ってしまう恐れもあります。

このまま**賃貸に住み続けるつもりであれば、将来的にどんな物件を借りて、引っ越しは何回くらい必要になるのか。購入を検討している場合は、住みたい物件の目安となりそうな価格を踏まえ、いくらのローンを何年組むのか**などをシミュレーションしてみましょう。

団体信用生命保険のがん特約に入っていれば、万が一がんになったときはローン返済しなくてよくなり、家は手元に残ります。

ローン返済額や購入資金の計画を立てる

いくらだったら無理なく返せますか？

住宅を購入するときは、キャッシュで買わない限り、通常は住宅ローンを組むことになります。購入のメリットである「資産になる」というのは、ローンをすべて返し終わってからのこと。まずは何千万円という額を借りて、長い年月をかけて返していくことを念頭に入れておかなければいけません。これから**長くお付き合いしていくローンだからこそ、無理は禁物。現在の貯蓄や収入とのバランスを見ながら、家計が苦しくならない範囲で返済額や購入資金を決めていく**のが成功の秘訣です。

ローン返済の考え方

ローンの返済は「無理のない」ことが鉄則。大きな買い物だけれども無理をせずに返していく、そのポイントは？

現在の年収&貯金で買える物件は?

住宅ローンの返済は、年金受給が始まる65歳までには終わらせておきたいところ。年齢、年収別にそれまでに無理なく返していける金額を試算したのが下の表。これに頭金を足した額が、物件価格の目安になります

(ただし諸経費が新築で3%、中古で7%くらい別途かかります)

●65歳までに返済を終えるための、
年収別、無理のない住宅ローン返済額　(金利1.5%の場合、元利均等返済)

年収(手取り)	30歳以下(35年返済)	35歳以下(30年返済)	40歳以下(25年返済)	45歳以下(20年返済)	無理のない毎月返済額
250万	1,700万	1,500万	1,300万	1,050万	約52,000円
300万	2,050万	1,800万	1,550万	1,300万	約62,500円
350万	2,350万	2,100万	1,800万	1,500万	約73,000円
400万	2,700万	2,400万	2,050万	1,700万	約83,000円
450万	3,050万	2,700万	2,350万	1,950万	約94,000円
500万	3,400万	3,000万	2,600万	2,150万	約104,100円

たとえば32歳で手取り年収350万円の人が、金利1.5%、30年ローンを組んだとして、無理のない毎月の返済額は7万3,000円が目安。従って借入額は2,100万円になります。

これはローンの返済額なので、頭金や諸経費(P154参照)は別途用意する必要があります。

いろいろなことを上手に活用

① 住宅ローン控除

住宅ローンを借りて住宅を取得した人が受けられる税金の優遇措置で、正式には「住宅借入等特別控除」。床面積や、中古住宅であれば築年数などに条件があります。

② 親からの資金援助

親から資金援助してもらえるのであれば、それを頭金にして利息を減らすことができます。「住宅取得等資金の贈与税の非課税」制度を利用すれば、一定の額まで税金がかかりません。

毎月の返済額を決めるには手取り収入の25%を目安に

住宅ローンの種類にもよりますが、月々の返済額の割合が手取り収入の30%以下であれば審査が通りやすいといわれています。とはいえ一馬力のシングル女子の場合は特に、25%以上になるとほかの支出に影響して、家計が苦しくなってしまうので注意が必要です。

住むところは大事

家の購入

購入するときに必要なお金について考える

物件価格だけじゃない意外とかかるあれこれ

家を買うときは、物件価格以外にもさまざまな部分でお金が必要になります。まず契約時に支払うお金として「頭金」があります。最初に頭金として現金をいくら払うかによって、ローンの借入額が変わってくるので、資金計画を立てるうえでも重要なポイントといえます。ほかにも事務手数料や税金などの諸経費がかかるほか、引っ越しの時期は何かと物入りに。頭金が貯まったからといって即購入に踏み切ると、**今後の生活に差し障りが出てしまうので、貯金もある程度残しておきましょう。**

家を買うときに必要なお金

物件価格プラスαとしてどんなところにお金がかかり、どの程度かかるのか、具体的に見ていきましょう。

頭金は物件価格の2割程度

頭金がいくら必要というのは決まっていませんが、頭金が少ないほどローンの返済額が増えて家計に負担がかかります。物件価格の2割程度を頭金として支払っておくと、安心です。頭金1割以上いれれば、住宅ローンを借りるときに優遇が受けられたりします。

諸経費は3～10%必要

物件価格以外に別途かかるのが、登記費用や手数料、税金などの諸経費。新築だと物件価格の3～7%、中古だと10%程度が目安です。

その他、引っ越し代や家具購入代など

引っ越し代や新居で使う家具や電化製品を購入するための予算も忘れずに。3～4月は引っ越し代が割高になるので、可能であれば時期をずらすなどの工夫を。また中古物件をリフォームする場合は、その費用も必要です。

2,500万円の物件の場合

●頭金

2,500万円

頭金 2割

2,500万円×2割＝**500万円**

「頭金0円」にだまされないで

最初にお金をまったく払わずに組めてしまうローンもありますが、頭金を払わないということは、借金がそれだけ多くなること。つまり利息の負担もかなり増えるので、返済額が必然的に多くなってしまいます。

●諸経費（5%の場合）

諸経費の例

契約するとき	住宅ローンを借りるとき	入居するとき
印紙税	融資手数料	修繕積立基金
登録免許税	ローン保証料	不動産取得税
登録手数料	団体信用生命保険料	固定資産税
仲介手数料	火災保険料	都市計画税
司法書士報酬	地震保険料	

2,500万円×5%＝**125万円**

●引っ越し代などその他必要なもの

50万円

●初期に必要なお金

合計　675万円

貯金0円で新生活をスタートさせるのは心許ないので、さらに生活費数カ月分の貯金は確保しておきましょう。

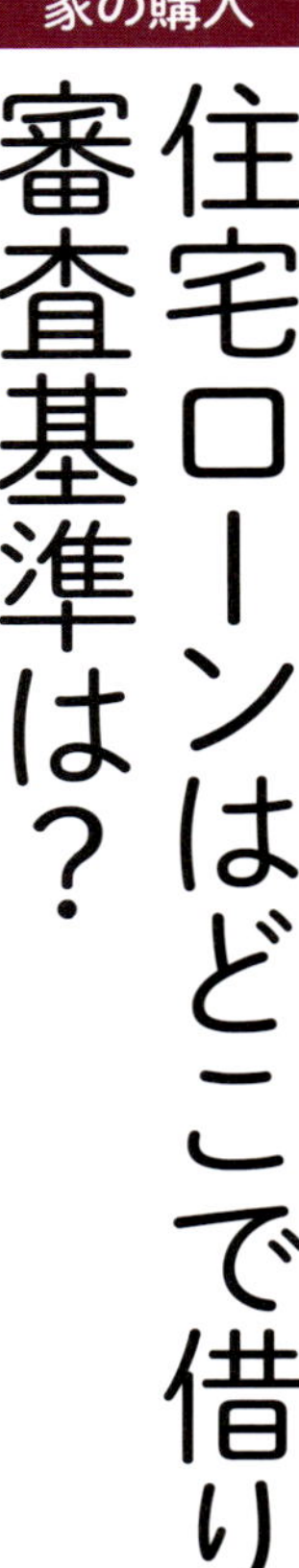

住宅ローンはどこで借りる？審査基準は？

住宅ローンには、「審査」という第一関門が

住宅ローンにはさまざまな商品がありますが、公的融資と民間融資に大きくわけることができます。住宅金融支援機構や自治体など公的な機関が提供する公的融資は、借入限度額や返済期間、利用条件などが限られているものの、金利が比較的低いのが特徴。銀行や住宅ローン専門会社など公的機関以外が提供する民間融資は、選択肢が豊富で手続きが比較的早いというメリットが。ただし誰でも利用できるわけではなく、収入や健康状態など細かい条件を設けた審査に通らなければいけません。

住宅ローンの種類と審査基準

ラインナップが豊富なのできちんと比較検討して、
自分にとって条件のよいものを選びましょう。

どこで住宅ローンを組むか検討

●公的融資

財形住宅融資	財形貯蓄を1年以上継続していて、残高が50万円以上ある人を対象とした融資。財形貯蓄残高の10倍まで融資を受けることができ、最高限度額は4,000万円。
自治体融資	都道府県や区市町村が窓口になり、地域住民などを対象に行う融資。その地域に一定期間以上、居住または勤務していることが条件。物件や借入限度額には制限があるが、金利は比較的低め。

●公的＋民間

フラット35	民間と住宅金融支援機構が提携した長期固定金利型のローン。借り入れ先を複数の金融機関から選べるのが特徴。融資額は物件価格の100％までで、上限は8,000万円。ただし住宅の質を確保するため、住宅金融支援機構が定めた技術基準をクリアする必要がある。

●民間融資

銀行	銀行、信用金庫、信用組合、労働金庫などのローン。都市銀行は特にさまざまな商品があり、ネット銀行や地方銀行は都市銀行に比べて金利が低く、手数料も安め。
ノンバンク	住宅ローン専門会社、信販会社、クレジット会社など預金業務を行わない金融機関のローン。銀行よりも金利が高めに設定されているが、審査が通りやすい。
JA	JAの組合員を対象にしたローン。農家でなくても組合費を納めて準組合員になれば利用できる。民間融資の商品と比べて金利が低めで、審査もそれほど厳しくない。
生命保険会社	融資条件は都市銀行よりもゆるやかな場合が多く、女性だと金利が低くなるようなユニークなラインナップがある場合も。

中古物件の場合は… 中古物件を購入するときももちろん住宅ローンを利用できますが、建物の耐久性が考慮されるため借入期間が短くなる可能性も。不動産業者や仲介業者が金融機関と提携した、いわゆる「提携ローン」は、事前に物件審査が済んでいるので手続きがスピーディに。

住宅ローンの審査とは

大きなお金を借りて、長い期間をかけて返していくことになる住宅ローンは、安定した収入を見込めることや、安全確実に返済できる能力があるかどうかが審査において重視されます。とはいえ審査はあくまでも第一関門で、「審査に通る＝実際に払える」ということではないので、焦りは禁物です。

勤続年数

最低勤続年数を定めているところが多く、一般的には3年以上が望ましいといわれています。ただし3年未満でも収入がアップしていたり、明らかにキャリアアップと考えられる場合は審査が通ることも。自営業者の場合は、一般的に過去3年程度にわたって所得が安定的にあることが条件になります。

健康状態

金融機関の多くは、ローン返済中に死亡したり、高度障害になった場合、本人に代わって残りのローンを払ってくれる「団体信用生命保険」への加入を義務づけています。健康状態が良好でないとこの保険に加入できないため、ローンが組みにくくなってしまいます。

返済時の延滞履歴

これまでローン返済や携帯電話などの支払いを何回か延滞したことがあると、審査に響く可能性大。また消費者金融からお金を借りたり、クレジットカードでリボ払いやキャッシングを利用していたりすると、審査が通りにくくなったり、借入可能額が減ってしまうことも。

金利のタイプと返済方法を選ぶ

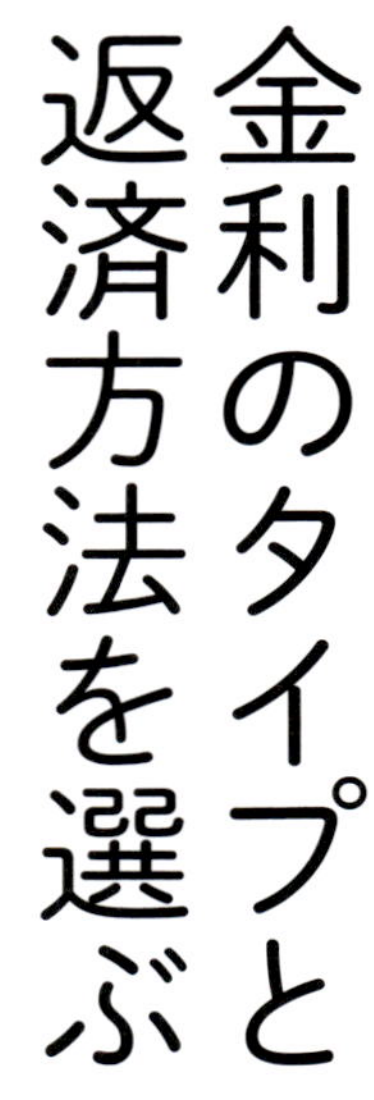

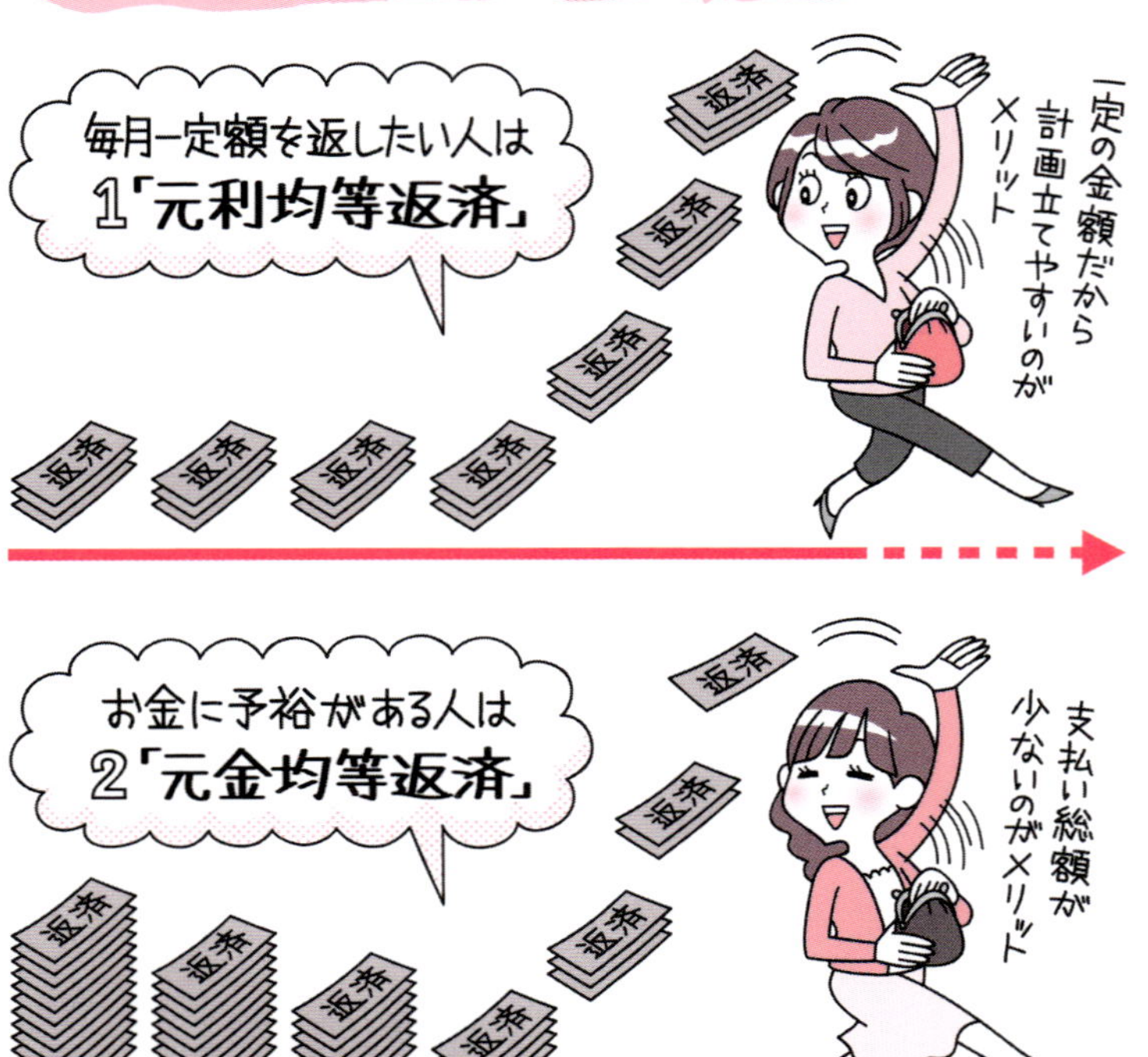

どれを選ぶかで金額も変わってきます

金利とは、お金を一定期間借りる際にかかる、いわゆる「レンタル料」のこと。住宅ローンの金利は主に左の3つがあり、ローンを組むときに金利のタイプを選びます。借り入れた元金にプラスして、金利分も払うわけですが、住宅ローンは額が大きいので、わずかな金利の違いで支払い総額もかなり変わってきます。また**返済方法も2種類あり、お得さと家計への負担を天びんにかける形に。**いずれも一長一短なので、それぞれの特徴を踏まえて自分に合う返済プランを立てていきましょう。

金利と返済方法

自分の懐事情だけでなく、長い返済期間中に日本の経済がどうなりそうか、先を見越すことも大切です。

金利のタイプは３つ

固定金利型

返済期間のすべてを固定金利にしてしまうタイプ。返済額がずっと変わらないので景気に左右されないのがメリット。ただしほかの2つに比べると、金利が高めに設定されています。

固定金利選択型

3年、5年、10年など一定期間の金利を固定するタイプ。その期間が終了すると、次の期間をその時点の金利水準で再び固定金利にするか、変動金利にするか選ぶことができます。

変動金利型

ローンを借りている間、金利が変わるタイプ。金利は半年ごとに変動しますが、返済額が変わるのは5年に1回。ほかのタイプよりも金利は低いものの、急に上がると利息を返すのが大変に。

返済方法は２つ

元利均等返済

元金と利息を合わせた額が毎月一定となる返し方。金額が変わらないため、返済計画が立てやすいですが、はじめのうちは利息分の支払いが多く、元金均等返済よりも総返済額が大きくなってしまいます。

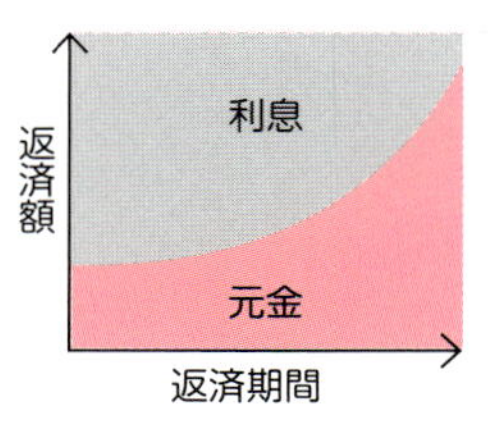

元金均等返済

毎月返す元金は一定で、それにプラスして利息を支払います。元利均等返済よりも元金の減りが早いので、利息の支払いも少なくて済むものの、最初のうちの返済額が大きいため、貯金に余裕がある人向き。

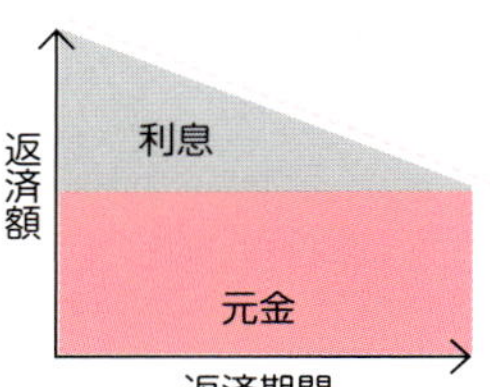

総支払額は多くなりますが、家計への負担が少ない元利均等返済のほうが一般的。元利均等返済は繰り上げ返済を行うことで、総返済額を抑えることもできますよ。

購入するときに気をつけたいポイント

その物件、ほかの人にも価値がありますか？

「家の購入に向いている人」をあえてあげるなら、**「自分がほしい物件」という視点と、「投資として価値がある物件」かどうかという視点を、きちんと分けて考えられる人**ではないでしょうか。シングル女子は「終の住処」として購入する人も多いかもしれませんが、将来的にその家に住まなくなる可能性もゼロではありません。もしそうなったときに、第三者に貸したり売ったりする物件として、本当に価値があるかどうか。**自分が住む場所であっても、家選びには客観的な視点も求められます。**

購入を考えるときのポイント

「いざ購入！」となると気持ちが盛り上がるものですが、大きな買い物なので、一歩引いて冷静に考える姿勢も大切。

「終の住処」だとしても「貸す」「売る」も考える

ずっとシングルでいるつもりで家を買ったとしても、人生は何が起こるかわからないもの。ライフスタイルに大きな変化が生じたときも、貸したり売ったりできるような物件を選んだほうが安心です。

独身におすすめしたい物件

ワンルームや1LDKなど単身者向けの家を買う人が多いとは思いますが、投資のつもりで買うのであればひとり暮らしをするような人が「借りたい」と思える物件を。利便性を重視するなど、自分の趣味嗜好に偏りすぎないことも大切です。

- ファミリー層よりシングル層が多い街
- 戸建てよりマンション
- 駅から近く通勤に便利
- 1階よりも上の階
- オートロック、宅配ロッカーなど設備が充実
- シングルが使い勝手のいい間取り

など

購入するタイミングはライフプランが定まってから

仕事や結婚など、不確定要素の多い20代、30代のうちは、変化に対応しやすい賃貸住宅のほうが無難といえます。その間、頭金をしっかり貯めておき、ライフプランが定まってくる40代以降に購入を考えても遅くはありません。

新築より築浅物件がおすすめ

新築物件は“まったく新しい”ということにプレミアがあるのでそのぶん割高で、一度でも住んだら値が下がってしまいます。無理して新築を買うくらいなら、できてから年数が浅い築浅物件を。中古物件の場合、修繕積立金や管理費が安いとお得なようにも思えますが、安すぎると大規模修繕のときに追加で費用を徴収されることも。

家が「負の遺産」にならないように

これからの日本は人口が減少して、家が余ってくる時代に。売りたくても売れないような家を持ってしまうと、固定資産税を払い続け、それこそ負の遺産になりかねません。「安いから」「今買っておいたほうがいいから」などと安易に決めずに、将来を見越して慎重な判断を。

住むところは大事

家の購入

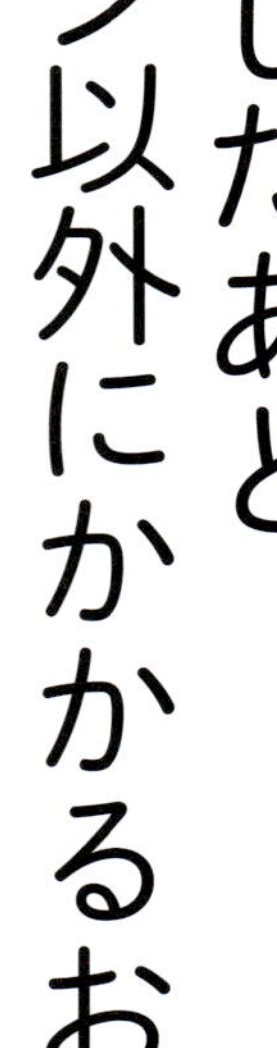

購入したあとローン以外にかかるお金

「家賃並み」の甘い言葉に誘惑されないで!

不動産広告でよく見かける「家賃並みの支払い」というコピー。家賃と同程度のローン返済額で、マイホームが買えるという意味のようですが、それなら賃貸に住み続けるなんてもったいない! と購入に興味のある人は思うかもしれません。

ですがこれは、誘い文句にすぎません。**月々の返済額だけ見れば家賃並みかもしれませんが、ローン以外にも決して少なくないお金がかかる**からです。たとえば家を持つと毎年必ず支払わなければいけなくなるのが、固定資産税や都市計画税。住ん

購入後にかかるお金いろいろ

住宅を購入してからもかかる主なお金をまとめました。
これらも踏まえて購入予算を決めましょう

地震保険料

一般の火災保険では地震災害が補償されないので、入ったほうが安心。単体で入ることはできず、火災保険とセットで加入します。木造か非木造か、あるいは都道府県によって保険料が異なります。

火災保険料

火災が起きたときに建物や家財などを補償します。住宅ローンを借り入れるときに加入するのが一般的で、ローンを契約する銀行などから紹介されますが、自分で選んだものに加入してもOK。

団体信用生命保険料

住宅ローンを借りる人が対象の生命保険。一般的には金利の中に含まれています。ローン返済中に死亡・高度障害になった場合に、保険金が借入残高の返済にあてられます。民間のローンは団体信用生命保険への加入が義務付けられます。

マンションの場合はさらにこの2つ

管理費

マンションを維持管理するためのお金。エントランスや廊下などの共用スペースの電気代や水道代、清掃などに使われます。月額15,000円前後。修繕積立金と同様、築年数とともに増加される傾向。

修繕積立金

建物の診断、外壁や屋根など大規模な修繕工事を行うためにあてられる費用で、管理組合が積み立てます。月額7,000円前後。そのマンションに住んでいる戸数によっても変動します。

固定資産税など

家や土地など不動産の所有者にかけられる税金。市町村によって金額が異なり、毎年4月～6月くらいに納税通知書が送られてきます。固定資産税とセットで課税される都市計画税も。

でいる地域や物件によって税額は異なりますが、年間10～20万円と安くはありません。ほかにも火災・地震保険料、マンションの場合は修繕積立金や管理費なども毎月発生します。また、団体信用保険料が必要な場合もあります。繰り返しになりますが、住宅購入はとにかく「無理をしない」こと。**ローンの返済と並行して、老後の資金も形成していかなければいけないことをお忘れなく！**

ポイント
災害で自宅を失っても、ローンの返済自体はなくなりません。こうしたリスクも頭に入れておきましょう。

突然やってくる「親の介護」受けられる公的サービスとは？

急な介護でもあわてず公的支援を頼りましょう

「介護なんて先の話」と思っていても、親が突然倒れるなど不測の事態も起こりえます。介護サービスや保険制度について知識を蓄えましょう。

親の介護が必要になった場合、まずは親の公的な介護保険を使い、支援を受けるのが先決です。市区町村に申請し、要介護と認められれば、左ページのような支援（サービス）が受けられます。

介護は長期戦になるかもしれません。**シングル女子は決してひとりで介護問題を抱え込まず、最大限のサービスを利用することが大切**です。

公的な介護保険で受けられるサービス

利用する場合の負担額は、
介護の必要度(要介護認定の区分)によって異なります(P167参照)。

支援サービス

こんな場合におすすめ!
- どのサービスを利用するか相談したい
- 親が遠方で、早急な対応ができない

➡ケアマネージャーや保健師が家族の代わりにケアプランを立てたり、介護サービスに関する手続きを代行したりしてくれます。

居宅サービス

こんな場合におすすめ!
- 親が在宅を望んでいる(または在宅で大丈夫そうな介護レベル)
- 親が近くに住んでいる

➡利用者(親)が自宅に居ながら受けられるサービス。介護の必要度に応じて以下のようなサービスがあります。

訪問

●訪問介護サービス
介護福祉士や訪問介護員(ホームヘルパー)が自宅を訪問し、日常生活を手伝うサービス。要介護の度合いによって、入浴介護、リハビリテーション、看護などを行います。

●居宅療養管理指導
医師や看護師などが、通院できない利用者の自宅を訪問し、健康管理や指導、助言などを行うサービス。介護支援専門員(ケアマネージャー)がケアプランの情報を提供します。

通所

●通所介護サービス(デイサービス)
デイサービスセンターなどに通う利用者に対して、日常生活の支援を日帰りで提供するサービス。利用者が可能な限り自宅で日常生活を送れること、家族の介護負担を軽減することが目的です。

●通所リハビリテーション(デイケア)
病院や老人保健施設などに通う利用者に対して、主治医の指示に従い、心身の機能回復に重点を置いてリハビリテーションを行います。作業療法士や理学療法士の指導が入ることもあります。

短期入所 ショートステイ

●短期入所生活介護　●短期入所療養介護
特別養護老人ホームや介護療養型施設などに短期間入所する利用者に対して、日常生活の支援や機能訓練、または治療・看護などを行うサービス。家族が一時的に介護できないときにも利用できます。

施設サービス

こんな場合におすすめ!
- 介護の必要度が高い(家での介護が難しい)
- 親が遠方で頻繁に訪問できない

➡「介護老人福祉施設(特別養護老人ホームなど)」「介護老人保健施設」「介護療養型医療施設」に入所した利用者に提供されるサービスです(P169参照)。

親のことを考える

介護

公的介護サービス利用のための第一歩「要介護認定」って何？

介護の必要度に応じてサービスや給付金が変わります

公的な介護支援を受けられるのは、40歳以上で要支援または要介護と認定された人です。市区町村に要介護認定の申請をすると、調査員が来て介護の必要度を調査します（1次判定）。さらに主治医の意見書などが加えられ、最終的に介護認定審査会が「非該当（自立）」「要支援」「要介護」を判定します（2次判定）。

要介護の度合いで、サービスや給付額が異なります。シングル女子がひとりでケアプランを作るのは難しいので、要介護認定の結果が出たら、ケアマネージャーに依頼しましょう。

要支援・要介護の度合いと目安

「身体機能・起居動作」「生活機能」「認知機能」「精神・行動障害」「社会生活への適応」をチェックされます。

●要支援・要介護の区分

軽 ↕ 重

区　分	認定の目安
要支援1	排泄や食事などの日常生活はほぼ自分で行えるが、要介護状態予防のために一部介助が必要。
要支援2	日常生活に支援が必要だが、要介護までいたらず、機能が改善する可能性が高い。
要介護1	食事や排泄、着替えなどにときどき介助が必要で、立ち上がりや歩行が不安定。
要支援2	食事や排泄などに何らかの介助が必要で、自力での立ち上がりや歩行が困難。
要支援3	食事、排泄に一部介助、入浴に全面的な介助が必要で、自力での立ち上がりや歩行ができない。
要支援4	食事に一部介助、排泄や入浴に全面的な介助が必要で、両足で立っていることがほとんどできない。
要支援5	日常生活全般において全面的な介助が必要。寝たきりの状態で意思の伝達も困難。

●介護保険の支給限度額と自己負担額

65歳以上の被保険者のうち、一定以上の所得がある利用者の自己負担額は2割（2018年8月からは、さらに一部の高所得者の自己負担額が3割になる見込み）。40〜64歳の第2号被保険者と、住民税非課税の人、生活保護受給者は、所得に関わらず1割負担。支給限度額を超える利用サービス分の費用は、全額自己負担。市区町村により支給限度額が異なる場合があります。

介護の必要度によって介護保険給付額が異なります。表は1カ月あたりの額です。

区分	支給限度額	自己負担額（1割）	自己負担額（2割）
要支援1	50,030円	5,003円	10,006円
要支援2	104,730円	10,473円	20,946円
要介護1	166,920円	16,692円	33,384円
要介護2	196,160円	19,616円	39,232円
要介護3	269,310円	26,931円	53,862円
要介護4	308,060円	30,806円	61,612円
要介護5	360,650円	36,065円	72,130円

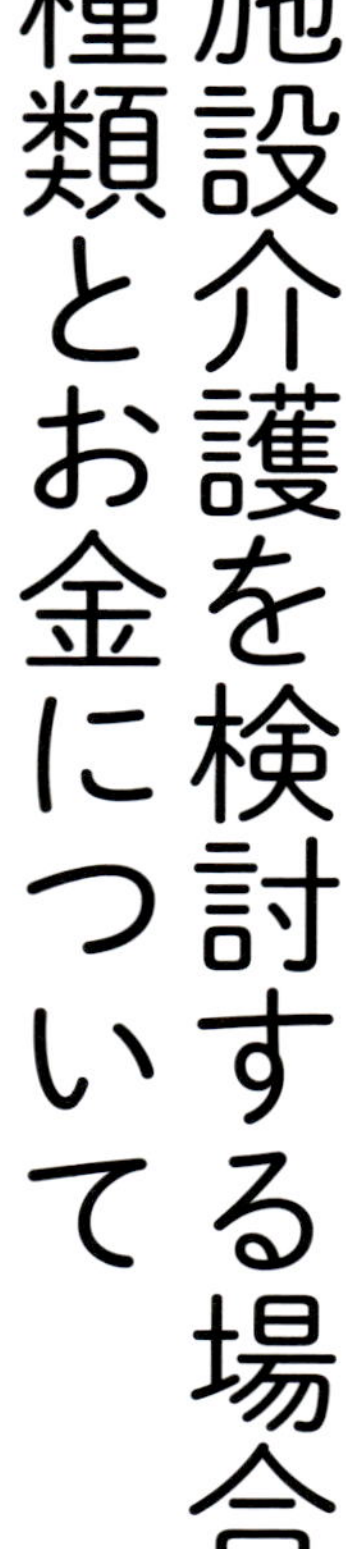

施設介護を検討する場合の種類とお金について

介護施設の内容はさまざま しっかりと検討しましょう

介護の必要度が高くなると、介護施設への入居も検討しないといけません。よく知られているのが老人ホームですが、**介護保険施設には「介護老人福祉施設」「介護療養型医療施設」「介護老人保健施設」の3つ**があり、公的施設か民間施設かによっても、サービス内容や入居条件、費用などがさまざまです。なかには要介護では入れない施設もあります。

シングル女子は、親に受けさせたいサービスと費用の両面をしっかりと考えて、親子の負担を軽減できる施設を選びましょう。

介護施設の種類と利用料の目安

介護施設は長期間入居することが考えられます。以下を目安に、スタッフの雰囲気やサービス内容を実際に見学に行くとよいでしょう。

公的介護施設

♥メリット 費用が安い(入居一時金なし)
✸デメリット 人気のため入居しづらい

特別養護老人ホーム

○ 終身利用が可能で24時間体制の介護が受けられる。
△ 特別な医療ケアが必要な場合は入居できないケースも。

入居条件：要介護3以上
入居期間：終身利用が可能
月額料金：8〜20万円

介護老人保健施設(老健)

○ 医療体制が整っていて、在宅復帰に向けたリハビリができる。
△ 在宅復帰が目的のため、入所期間は原則3〜6カ月。

入居条件：要介護1以上+65歳以上
入居期間：原則3〜6カ月
月額料金：8〜13万円＋医療費

介護療養型医療施設

○ 医療ケアが最も充実。病院の一般病棟にうつることも可能
△ 施設数が減少していて、入居の空きが少ない。

入居条件：要介護1以上+65歳以上　入居期間：終身利用ができるとは限らない
月額料金：9〜25万円＋医療費

民間の介護施設

♥メリット サービスが豊富
✸デメリット 費用が高い(入居一時金あり)

介護付有料老人ホーム

○ 医療ケアやリハビリ、レクリエーションが充実
△ 施設によっては入居一時金が高いことも
入居条件：要介護1以上

入居条件：要介護1以上
(介護専用タイプの場合)
入居期間：終身利用が可能
月額料金：12〜30万円
入居一時金：0〜数千万円

住宅型有料老人ホーム

○ 訪問介護など外部の介護サービスを選べる
△ 介護スタッフが常駐せず、医療ケアができないことも

入居条件：要支援〜要介護+65歳以上
入居期間：終身利用が可能
月額料金：10〜25万円
入居一時金：0〜数千万円

介護型ケアハウス

○ 低所得でも安心して介護生活が送れる
△ 重い介護や医療ケアが必要になると退去の必要も

入居条件：要介護1以上+65歳以上
入居期間：一定期間
月額料金：6〜20万円
入居一時金：0〜数百万円

グループホーム

○ 限られた人数なのでアットホームな雰囲気
△ 施設と同地域に住んでいる人が対象で医療ケアはなし

入居条件：要支援2以上
入居期間：終身利用が可能
月額料金：15〜30万円
入居一時金：0〜数百万円

※月額料金と入居一時金は目安です。多床室か個室かなどによって変わる場合があります。
※入居条件などの内容は、施設によって変わる場合があります。

介護

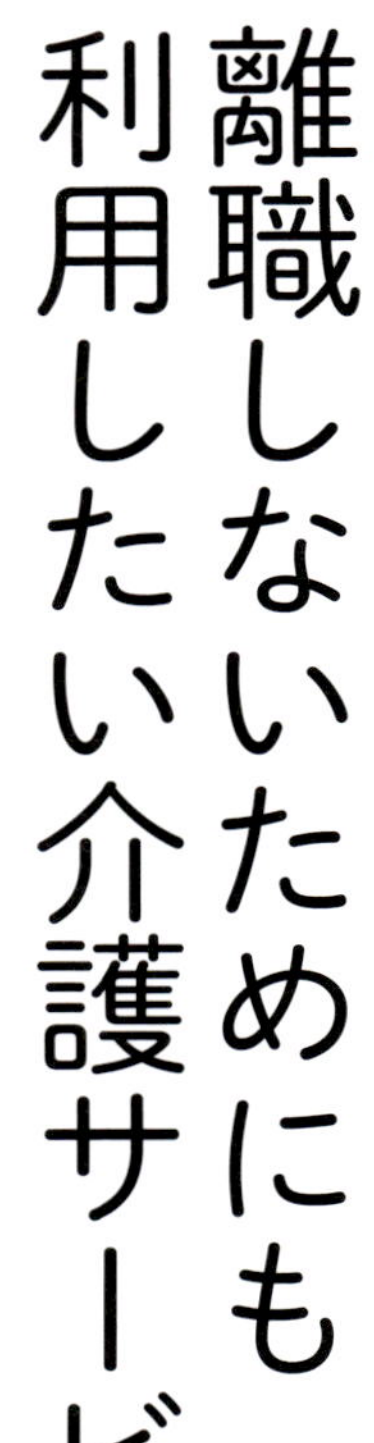

離職しないためにも利用したい介護サービス

費用などの負担を考えて チームプレイ介護を大切に

「仕事をしながら親の介護はできるのかな？」と不安に思っている人は多いのでは。でも、いきなり仕事を辞めるのは得策ではありません。実家が遠い場合でも、地元に帰らなくても介護ができる方法やサービスがいろいろとあります。

介護サービスや施設を選ぶ場合は、介護費用だけでなく、交通費なども考慮しましょう。**離れていてもチームプレイで介護ができるよう、家族とよく話し合い、親の交友関係を把握したり、かかりつけ医と連携したりすることも大切**です。

介護を乗り切るための方法

親の介護をするときに、ひとりで抱え込まないで。まわりの人に頼ったり、サービスを利用したりして乗り切りましょう。

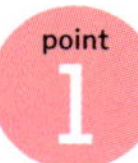

point 1 介護施設の利用を検討しておく

たびたび帰省するのが難しい場合は、介護度が重くなったときのために、入居施設を検討しましょう。遠距離介護の場合は、入居の優先順位が高くなる場合もあります。

point 2 周囲の人とのコミュニケーションを密にする

かかりつけ医や担当のケアマネージャー、親の友人などと良好な関係を築き、いつでも親の状況を把握できるようにしましょう。急な異変にも気づいてもらいやすくなります。

point 3 介護費用は無理せず親の貯金から払う

ただでさえ交通費などがかかるため、介護費用は基本的に親の貯金や年金で賄えるようにしましょう。親が元気なうちに話し合いをして、預貯金額や印鑑の場所なども共有しましょう。

point 4 自治体のサービスを積極的に使う

安否確認や配食のサービスを行う自治体もあります。親が住んでいる地域がどんな介護サービスをしているか、資料を取り寄せたり、ウェブサイトを見たりして確認しましょう。

point 5 航空会社の「介護帰省割引」を活用

「JAL」「ANA」「SFJ（スターフライヤー）」の3社では、介護割引を提供しています。飛行機を利用できる場合や、頻繁に実家に帰る場合は、お得になるかもしれません。

point 6 住宅リフォームは早めに検討

要介護認定を受けた場合、20万円までの助成金が支給されます。申請手続きが煩雑なため、ケアマネージャーの力を借りましょう。要介護度が重くなる前に早めに検討を！

親が介護状態になり、いざ自らの意思を伝えにくい体になってしまったときのために、エンディングノートなどに介護の希望を書いてもらうとよいでしょう。また、突然のことがあっても慌てないように、保険証券や貴重品の場所は共有しておくといいですね。

シングル卒業!?

結婚

もし結婚するなら お金のやりくりはどうなるの？

財布は夫婦で別にする？ それとも一緒のほうがいい？

今はひとりでいいと思っていても、将来的に結婚をしたいと考えることがあるかもしれません。もし結婚をした場合、**毎日のリアルな暮らしに対してどのくらいお金がかかるのかは、大きな課題**です。共働きの場合は特に心の余裕が生まれて、お互いの貯蓄までは意識しない夫婦も多いようです。とはいえ夫婦なのですからお金の話はクリアにして、今後どうやって家計を管理していくのがベストなのかきちんと話し合うのが理想でしょう。**夫婦で家計を把握すると、計画的に貯蓄がしやすくなりますよ。**

結婚後の生活費、貯蓄事情

夫婦によって働き方や収入バランスは違うので、2人が納得する方法で、貯金もしっかりしていきましょう。

結婚後の夫婦のお金の管理の仕方

共働き家庭が増えていることもあり、生活費以外は夫婦で別会計にするケースが多くなっているようです。どのやり方にもメリット、デメリットがあるので、自分たちに合う方法を選ぶのが一番ですが、お金の流れのルールをきちんと決めると、スムーズな家計管理ができるようになります。

夫婦2人の貯蓄額はいくら?

2人で暮らしはじめてから貯蓄の意識が高まったという人は多いようです。新生活こそ貯蓄をスタートさせるよきタイミングといえそうです。

1カ月の平均貯蓄額　9万円

出典：「ゼクシィ新生活準備調査2016」

夫婦で分担する

夫と妻の収入の一部を生活費に入れて、それ以外は干渉しないで独自に管理するスタイル。いわゆる「夫婦別財布」。

♥メリット
- 自分が稼いだお金を自由に使える
- 個人的に貯蓄できる
- 家計管理の負担を分担できる

デメリット
- 家計全体の把握がしにくい
- 生活費以外の支出でもめやすい
- 貯蓄がたまりにくい

一元管理する

夫と妻の収入をひとつにまとめて家計を管理。そこから必要なお金を使って、おこづかい制に。いわゆる「夫婦共通財布」。

♥メリット
- 家計の収入と支出を把握しやすい
- 家計事情を共有できる
- 貯蓄の目標を立てやすい

デメリット
- 自由に使えるお金が少ない
- おこづかいの額に不満を抱きやすい
- 家計の管理がどちらかの負担になりやすい

先輩VOICE 結婚してからの財布事情はこうしました!

2人の生活費だけ月末に折半し、残りは各自管理
家賃や光熱費など、2人で生活する分の費用は完全折半。月末にお互いが立て替えた費用を伝え、徴収するシステムに。月々の貯金分は別途徴収しています。

主導権は完全に私 固定額&申告制に
夫は月々おこづかい制。会社の飲み会などの出費は申告制で、別途渡すようにしています。クレジットカードは上限の低いものを念のために渡しています。

生活費は月に固定額を互いに出し合う
生活費は月の予算を決め、その中でやりくりするようにしています。予算より浮いた分は貯蓄に回し、それ以外は各自の自由なお金として管理しています。

「結婚したい」と思ったら…出会いにかかるお金事情

婚活の方法も今やよりどりみどり

２０１４年の「出生同行基本調査」（国立社会保障・人口問題研究所）によると、18～24歳の独身女性で「いずれ結婚するつもり」と考えているのは、９割近く。とはいえ、なかなか出会いに恵まれず**婚活する人も増えているようです。結婚相談所や街コン、婚活アプリなど最近はバラエティに富んでいて、費用やメリットもさまざま。**婚活に使われる1年の平均費用は約30万円といわれていますが、金額と比例してよい人と出会えるというものでもないので、気軽に試してみてはいかがでしょうか。

結婚相談所にかかるお金

本格的に婚活をするなら、手堅いのはやはり結婚相談所。入会費やその後かかる費用の目安をまとめました。

活動にかかるお金

お見合い料　5,000〜10,000円

結婚相談所のほうから提案してくれたり、自分から申し込んだりしてお見合いを行う際に発生する料金。月額料に含まれている場合もありますが、その都度請求されるケースが一般的。

月額料　10,000〜30,000円

毎月かかるお金で、運営費、情報提供料、システム維持費などが主な内訳。休会できるシステムを設けているところも多いので、その場合は月会費が減額されるかどうかもチェック。

point 自分が希望する婚活と料金のバランスは？

結婚相談所のフォローやサポート体制はさまざま。1カ月に紹介してもらえる人数や、申し込みできる人数なども異なります。自分はどこまでサポートしてもらいたいのか、いくらまでなら払えるのかを客観的に考えることが大切です。

スタートにかかるお金

入会金　約30,000円

スポーツジムやスクールなどと同様に入会時にかかる料金。登録料という呼び方も。同じ相談所でも、年齢や性別によって料金が異なる場合もあります。

初期費用　0〜200,000円

プロフィール作成や写真撮影、システムID発行、情報登録など活動開始の事務手続きとして必要な料金で、最も高くつく部分。入会金と一緒になっているところも。

成婚にかかるお金

成婚料　応相談〜300,000円

結婚に向けた意思が固まったときに、結婚相談所に支払う成功報酬。金額にかなりバラつきがありますが、それなりの額を設定しているほうがサポートがきめ細かい、という見方も。

先輩VOICE 結婚相談所ってこんなところ

20代割引があると知って一念発起！

入会初期費用が20代だと安くなるというのを見て、「グズグズしてられない！」と思い入会。結婚に前向きになれたので、結果的によかったです！

プランによって費用が違うのでチェック！

連絡を取るたびに料金が追加されるプランだったので、計画的に会うように。それが私の性格には合っていたのか、最初の数カ月でうまくいきました。

確実に誰かに毎月会えるって頼もしい

自力での婚活に限界を感じて入会。お金はかかりますが、確実に誰かを紹介してくれるのでその点は安心でした。早く結婚したいなら合理的かも。

シングル卒業!?

結婚

結婚生活のスタート！いくら準備しておけばいい？

結婚生活を始めるのにもお金がかかります

結婚という転機がやってきたら、2人で生活していくスタート費用はいくらかかるのでしょう。結婚生活の門出ですから、多少奮発する部分もあるはず。「こんなに貯めてなかったの？」「どうしてこんなところにお金をかけるの？」と**金銭感覚のずれでぎくしゃくすることのないよう、ある程度の心づもりをしておきたいもの**です。もし結婚の予定がないとしても、「そのとき」はいつやってくるかわかりません。結婚しなかった場合は、趣味や自分磨きの資金になると思って貯めておきましょう。

結婚新生活の準備、いくらかかる？

実際のところ、どこにどのくらいかけているのか、新生活準備のお金事情を公開します！

●インテリアや家電にかける平均費用（2016年調べ）

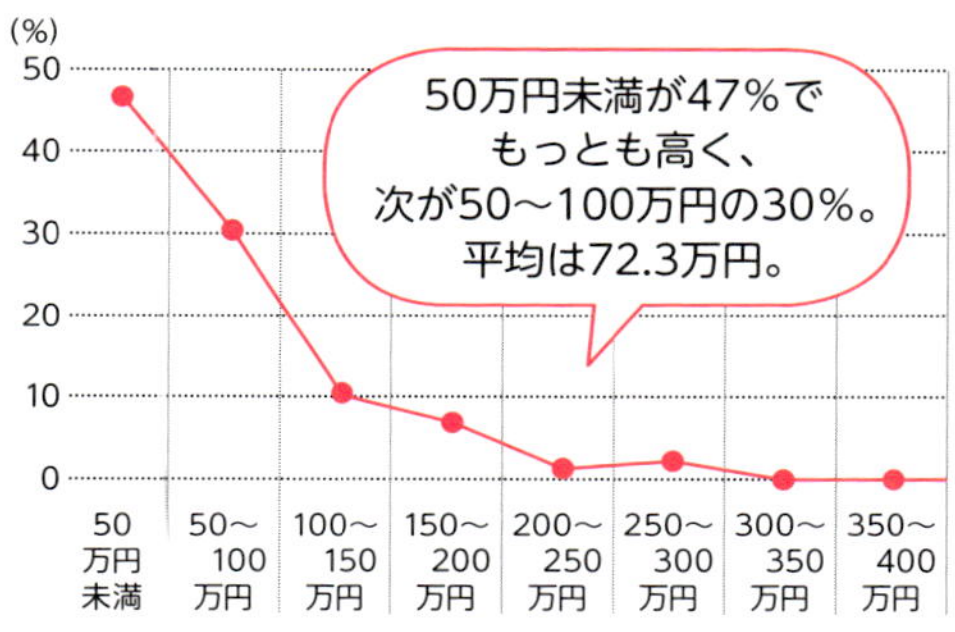

「インテリア・家具」と「家電製品」の購入総額の推移。新調するものと、独身生活から引き続き使えるものをうまく組み合わせて、メリハリをつけるといいでしょう。最初から全部そろえようとせず、生活を始めながら必要なものを少しずつ買い足していくのも賢いやり方。

パートナーとの 新生活の準備にかかったトータル費用

インテリア・家具	家電製品	住居の賃貸費用（敷金・礼金）	引越し費用

40万円	37.4万円	18.2万円	6.4万円

出典：「新生活準備調査2016」リクルートブライダル総研調べ

一緒に生活をするにあたって、理想の家計バランスを共有しておくことが大事。2人の収入や状況によってさまざまなので、こうでなければいけないという数字はありませんが、計画的に貯蓄もできるよう、きちんと話し合って無理のない形にしたいですね。

シングル卒業!?

結婚

結婚式やイベントにかかる費用はいくら？

やっぱりそれなりにかかる結婚にまつわるあれこれ

最近は結婚式のスタイルもさまざまですが、結婚一連のイベントに出費はつきもの。「ゼクシィ結婚トレンド調査２０１７」によると、**婚約から結婚式・披露宴、新婚旅行までにかかった平均総額は、約４６３万円**。ご祝儀の平均が約２３０万円なので、半分ほどを自分たちで負担することになります。一生に一度のことなので、ついつい予算オーバーしがちですが、優先順位を決めて上限を設けることが大切。新生活や貯蓄に回すぶんも考えて、２人が納得できる形にしていきましょう。

結婚関連の費用の相場

どこにお金をかけるかは、人それぞれ。
相場を参考に自分たちに合った予算を考えましょう。

新婚旅行

平均71.7万円

ハネムーンの平均日数は約7日。お土産代も含めた金額で、お土産代は平均は10.9万円。新婚旅行だけにお土産代も、きちんと予算に加えておきましょう。

両家顔合わせ

平均6.2万円

料亭やレストラン、ホテルなどでの食事会が最近の主流。結納式を行う場合は別途料金がかかり、平均額は18.3万円となっています。

結婚式

［国内ウェディング］

平均354.8万円

挙式、披露宴・披露パーティの総額。披露宴・披露パーティの招待客人数は平均70.2人。ご祝儀の総額は230.7万円となっています。

［海外ウェディング］

平均199.3万円

挙式、旅費、パーティ代、滞在費の総額。海外ウェディングの場合、差がつくのが旅費で、ハワイが平均より8万円以上高く、グアムは約20万円安いとされています。

費用の調達はどうしたの?

自分たちで貯金していた人は、87.6%。親や親族から援助してもらった人は、76.1%。後者の総額は、100～200万円未満が4割近くで最も多く、平均は182万円。多くの人は、2人の貯金の合計額に親などからの援助と招待客からのご祝儀をプラスして、結婚資金を調達しているようです。

出典：「ゼクシィ結婚トレンド調査2017」

先輩VOICE こうやって結婚費用を貯めました！

お互いに同じ金額を月々口座に入れる!

式の予算を決める前に、お互いに月々いくらなら貯金できるかを話し合いました。そして２人で決まった口座に貯金しました。

私の給与はフル貯金! 彼のボーナスも活用

うちは家計をひとつにまとめていたので、私の給与はすべて結婚費用として貯金。彼の給与で生活し、ボーナスは共通の口座に入金していました。

家計簿アプリで管理 生活費から地道に

２人でかかる月々の生活費の予算を決め、浮いたお金を貯金！　家計簿アプリを使い、お互いのお金の動きを確認するようにしていました。

最小限の費用で結婚式をあげる

「結婚式＝お金がかかるもの」というイメージは徐々に変わりつつあります。費用を抑えるその工夫とは？

心に残る〝いい結婚式〟を格安であげられる時代です

P174で紹介したとおり、結婚にまつわる一連のイベントには、平均して約463万円もかかります。挙式、披露宴・結婚パーティなどいわゆる結婚式の費用がその大半（約355万円）を占めていますが、工夫次第でその費用を安く抑えることができるのは、今の時代のメリットといえるでしょう。「結婚式はしたいけど貯蓄がない」「新生活に備えてなるべく費用を抑えたい」という人のために、格安で結婚式をあげられるプランやサービスがあります。ぜひ比較検討してみてください。

自分たちで負担する金額の平均

結婚費用 約463万円 － ご祝儀 約230万円

あくまでも目安ではありますが、ご祝儀や親からの援助がある場合、自己負担額をかなり抑えることができます。

＝ 自己負担額 約233万円 － （これを引くと）親からの援助 約190万円 ＝ 平均自己負担額は 約43万円

格安ウェディングとは？

結婚式をプロデュースする専門の会社が、式場探しから挙式当日までサポートしてくれます。日程や演出・プログラム内容に制限が多少あるものの、料金体系が明朗で、ドレスなどの持ち込み料が無料だったり、ご祝儀払い（後払い）できるのがメリット。

スマ婚

自己資金1万円から実現できるのがセールスポイント。半年以内に挙式を予定している人には割引サービスも。

楽婚

家族のみの挙式や少人数結婚式、海外挙式などにも対応。提携している会場やドレスの多さに定評あり。

ゼロ婚

東京、大阪、京都の3地域のみで対応（2018年現在）。自己資金0円から。ブライダルフェアの特典が充実。

特別編

より充実した生活を送るために！

お金を貯めることができると、人生に対する不安感が和らぎ、自信にもつながっていきます。でも、人生の目的が「お金を貯めること」だけにならないように注意が必要です。お金も大事ですが、体をこわしたり心がすさんでいたりしては幸せな人生とはいえません。お金は生活のためのものでもありますが、やりたいことや夢を叶えるためのツールでもあります。人生は一度きりです。これから先のワクワクすることを考え、有意義にお金を使いましょう！

より充実した生活を送るために！

夢や願いごとを書き出してみましょう

夢や願いごとを書くことでイメージを具体的にもつ

これからの人生をすごしていくにあたり、**お金ももちろん大事ですが、そのお金を使ってどのように暮らしていくのか、なにを大切に過ごしていくのかを考えることがなにより大事**ではないでしょうか。

そのためにしてほしいことが3つあります。ひとつ目は「夢や願いごとを書き出してみる」ということ。そして具体的にいつごろ、その夢を叶えたいのか「マネープランを立ててみる」ことです。これから先のワクワクすることを考えてみましょう。2つ目はお金だけではなく、「心と体の健康を大事にする」こと。3つ目は「これまでの自分の棚卸」。これをすることで自分を知り、これからに活かすことができます。

まず、「夢や願いごとを書き出してみる」ですが、これはこの先、自分がやりたいことや手に入れたいものを自由に書き入れていくというもの。このワークをすることで、**未来に目を向け、理想の人生を考えるきっかけ**になります。毎日が忙しいとあっという間に時は過ぎていきますが、「○年後にこれをしたい」というビジョンがあれば、それを意識して行動できるようになります。**この10年で何をしたいのか、ぜひ今すぐペンを持って現在の想いや希望を率直に書いてみてください。**

実際にこのワークをやってもらうと、始めは難しそうな顔をしていた人も5分もするとペンが動き出し、10分もすると生き生きとした顔になります。そして、書いてみて夢を叶えたくなった、やりたかったことを思い出してきたと言ってくれるのです。いつごろにそれらを叶えてみたいかイメージがわいてきたら、次ページの「マネープランシート」を書き入れてみましょう。自分の理想の人生を築くためには、このようなことが大切になるのです。

ワクワク願いごとシート

▼記入例

料理が
上手に
なりたい

ドイツに
住んでいる
友達に会いに
行きたい

自転車を買って
ツーリングに
出かけたい

ブランドものの
コートがほしい

屋久島に
行きたい

モルディブで
のんびり
海が見たい

料理が
上手に
なりたい

母の
還暦祝いを
したい

仕事をがんばって
年収を1.5倍に
増やしたい

夢や願いごとが思いついたら書き出してみましょう

より充実した生活を送るために！

夢を叶える マネープランを立てましょう

イベントの目標金額と時期を「見える化」する

前のページではたくさんの願いごとや夢を描くことができましたか？ もしかすると書かずに読み進めている人もいるかもしれません。その場合は、ぜひもう一度戻って「ワクワク願いごとシート」を書き入れてみてください。

お金が貯まる体質になるためには、第一歩を踏み出す必要があります。それにはまず自分が何をしたいのか、どのようにお金を使ったらハッピーなのかを知る必要があります。そのための第一歩が「ワクワク願いごとシート」です。こうなったらいいなという夢を書き入れてみましょう。

シートに記入ができたら、それをもとに夢の実現に向けて具体的なマネープランを考えてみます。お金を貯める具体的な方法はこれ

夢を叶えるマネープラン 10年

西暦				
年齢	歳	歳	歳	歳
イベント やりたいこと	円	円	円	円
	円	円	円	円
イベント・やりたいことを実現するために必要な毎月の積立額				

までの章に書きましたが、**「なんのために」「いくら貯めるか」を明確にすることがとても大切**です。

たとえば、旅行費用30万円を行く直前に準備するのは大変ですが、あらかじめマネープランを立てて、3年間でコツコツ準備していけば、1年間で10万円、1カ月では約8千円になります。

このように、イベントに向けて年間や月間の貯蓄額を具体的に計算してみましょう。イベントや夢の現実度が増してきます。

◀記入例

2021	2020	2019	2018	西暦
33歳	32歳	31歳	30歳	年齢
ハワイ旅行 20万円	オリンピック観戦 10万円	母の還暦祝い 7万円		イベント やりたいこと
			母の還暦祝い 2年間積立 3,000円/月	イベント・やりたいことを実現するために必要な毎月の積立額
			オリンピック観戦 2年間積立 4,500円/月	
			ハワイ旅行 3年間積立 8,500円/月	

歳	歳	歳	歳	歳	歳
円	円	円	円	円	円
円	円	円	円	円	円

より充実した生活を送るために！

日常のストレスを上手に軽減していきましょう

心と体の健康を手に入れてお金が貯まりやすい環境を作る

幸せな人生を考えるとき、お金だけ十分にあっても幸せな人生とはいえません。体の健康、心の充足感、そして生活をするのに必要なお金がそろって幸せな人生を送れるのではないでしょうか。日頃のストレスがうまく解消されない、体にも心にもお財布にも悪いもの。ストレスがたまっていたり、心がすさんでいたりすると、心の隙間を埋めるために衝動買いをしたり、無駄遣いをしたりしてしまいがちだからです。

心と体の健康は、お金が貯まる近道にもなります。

では日頃、どのようにしてストレスと向き合えばよいのでしょうか。ここでは、私も取り入れている3つの方法をご紹介してみます。

どんなに忙しくても好きなことをする時間を確保する

日々、忙しく過ごしていると自分の好きなことをやる時間は後回しになってしまい、結局できずじまいになりがちです。人は、好きなことをしているときは心が弾み、幸せな気持ちになるもの。

あなたの好きなことは何ですか？　時間があったらやってみたいと思うことは？

思い浮かばない人は、自分がどんなことをしているときに喜びを感じるのか、好きなことを探ることから始めてみましょう。次に、手帳に優先的にその時間を確保するようにスケジュールを組みます。不思議と、好きなことをする時間を生み出そうと時間の使い方に工夫が生まれ、メリハリのついた時間の過ごし方に変わりますよ。そして、自分の好きなことをすることでリフレッシュでき、その後の時間にもよい影響を与えます。

時短のコツ

- **時短できる家電の活用**
  ドラム式洗濯機で乾燥までおまかせ／お掃除ロボットで外出中に床掃除　など
- **通勤時間中にスマホで時短**
  新聞やニュースのチェック／健康管理アプリや、家計簿アプリ記録　など
- **見たいドラマや映画などは、録画で時短**
  テレビをだらだらと見ずに、お気に入りの番組のみ録画／CMは飛ばしたり、2倍速で見る　など

あえて言動を上向きにしてみる

人の体と心は連動しているといいます。くら〜い気持ちで下を向いて歩いているより、胸を張って上を見て歩くと自然と心も上向きになります。大手を振って、足早に歩いてみましょう。落ち込んだときこそ、「よし！」と大きな声を出して、ガッツポーズをしたり、手をたたいたりしてみてください。気分は状態に比例するといいます。不思議に気分も上がってきますよ。

ポジティブシンキングのコツ

- **落ち込んだら「そんな日もあるさ」と言ってみる**
  人生、順風満帆にはいかないもの。山あり谷あり／苦しさがあるからこそ、喜びも大きくなる
- **「これはほんとうに事実？　それとも自分の思い込み？」と聞いてみる**
  事実と思い込みは違うもの／勝手にそうだと決めつけて落ち込むのはもったいない
- **「自分はできる」と唱えてみる**
  自信は自分を信じると書く／これまでやってきたことのベストを尽くそうと思えばOK

体を動かす

体を動かすと気持ちがよいもの。ウォーキングをする、軽くジョギングをする。好きなスポーツをやってみる。思い切って体を動かしてみましょう。頭の中でぐるぐる考えても煮詰まることも多いもの。頭で考えるのはお休みし、体を動かすことに集中すると、頭の中は空っぽになりますよね。「無」になってみるのもよいと思います。

おすすめエクササイズ

- **ストレッチ**
  家でも手軽にできる／柔軟性があると腰痛や肩こり、関節の痛みなどの予防になる
- **ヨガ**
  リラックス効果大／ヨガの呼吸法は、自律神経のバランスを整えてくれる
- **バランスボール**
  体のバランスを整えることで、体幹が鍛えられる、腰痛も改善／バランス感覚身に着けられ、姿勢がよくなる

より充実した生活を送るために！

5つの輪から自分を見つめてみましょう

生涯お金を稼ぐことができれば老後の安心につながる

今は人生60年ではなく、人生１００年時代です。仕事を辞めて定年した後も、お金を稼げるのであればそれは老後の安心につながります。**自分になにができるのか、自分の持っている要素を知っておくとよいでしょう。**

「自分になにができるだろう」「将来もずっとひとりで生きていけるのかな」そんなふうに不安に思うシングル女子は多いはず。そのように自信をなくしたときにおすすめしたい方法が「自分の５つの輪」から自分を見つめ直すことです。**１好きなこと、２得意なこと、３経験があること、４お金になること、５ライフワークの５つを書きだしてみてください。**重なった部分が今後、あなたの経験が生かせ、お金にもなりそうなものになります。

これから先、会社勤めをしている人も定年まで安泰という保証はありません。副業がＯＫな時代になってくるなど時代は変わろうとしています。

5つの輪で自分の「棚卸し」

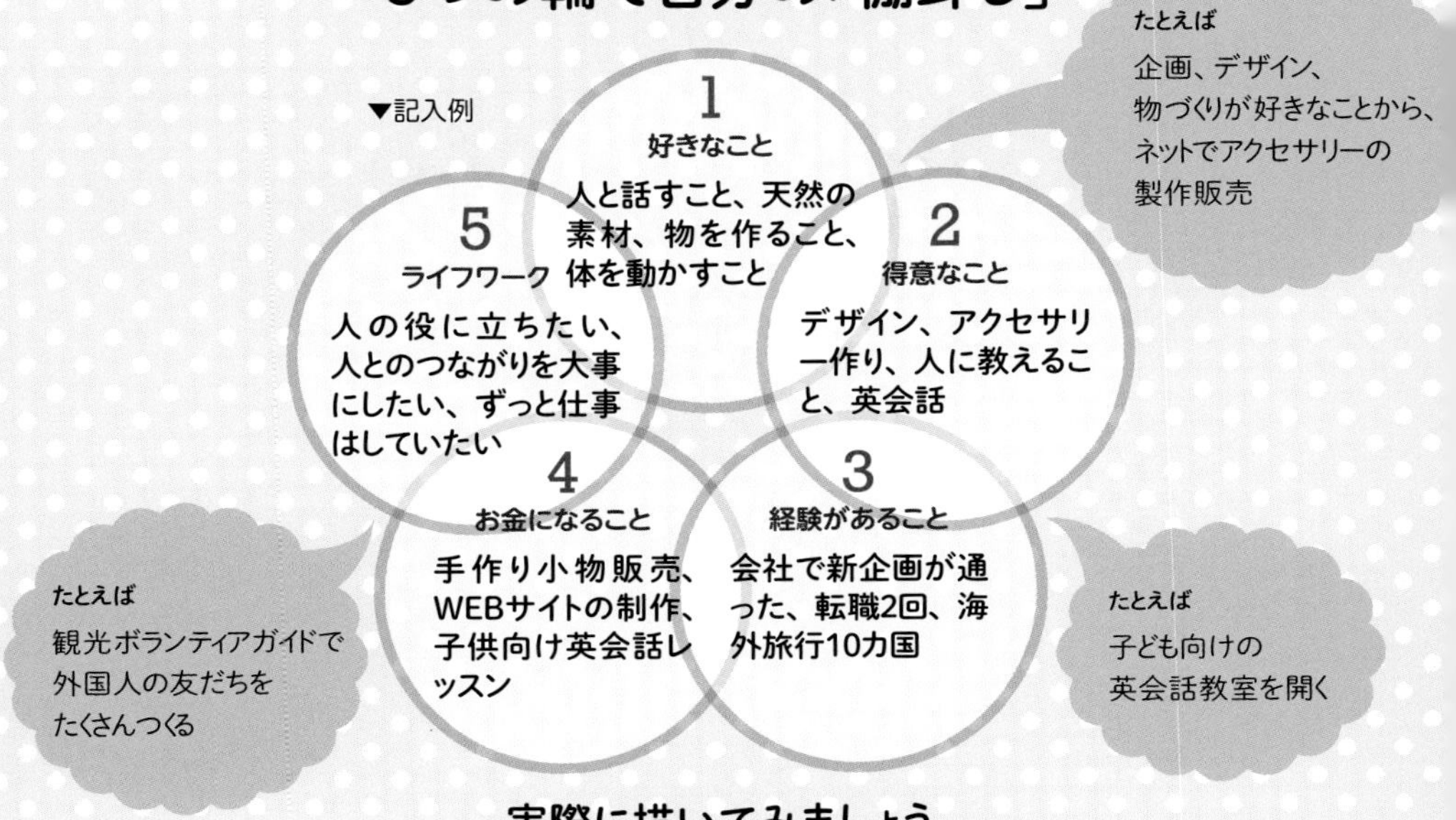

▼記入例

1
好きなこと
人と話すこと、天然の素材、物を作ること、体を動かすこと

2
得意なこと
デザイン、アクセサリー作り、人に教えること、英会話

3
経験があること
会社で新企画が通った、転職2回、海外旅行10カ国

4
お金になること
手作り小物販売、WEBサイトの制作、子供向け英会話レッスン

5
ライフワーク
人の役に立ちたい、人とのつながりを大事にしたい、ずっと仕事はしていたい

たとえば
企画、デザイン、物づくりが好きなことから、ネットでアクセサリーの製作販売

たとえば
子ども向けの英会話教室を開く

たとえば
観光ボランティアガイドで外国人の友だちをたくさんつくる

実際に描いてみましょう

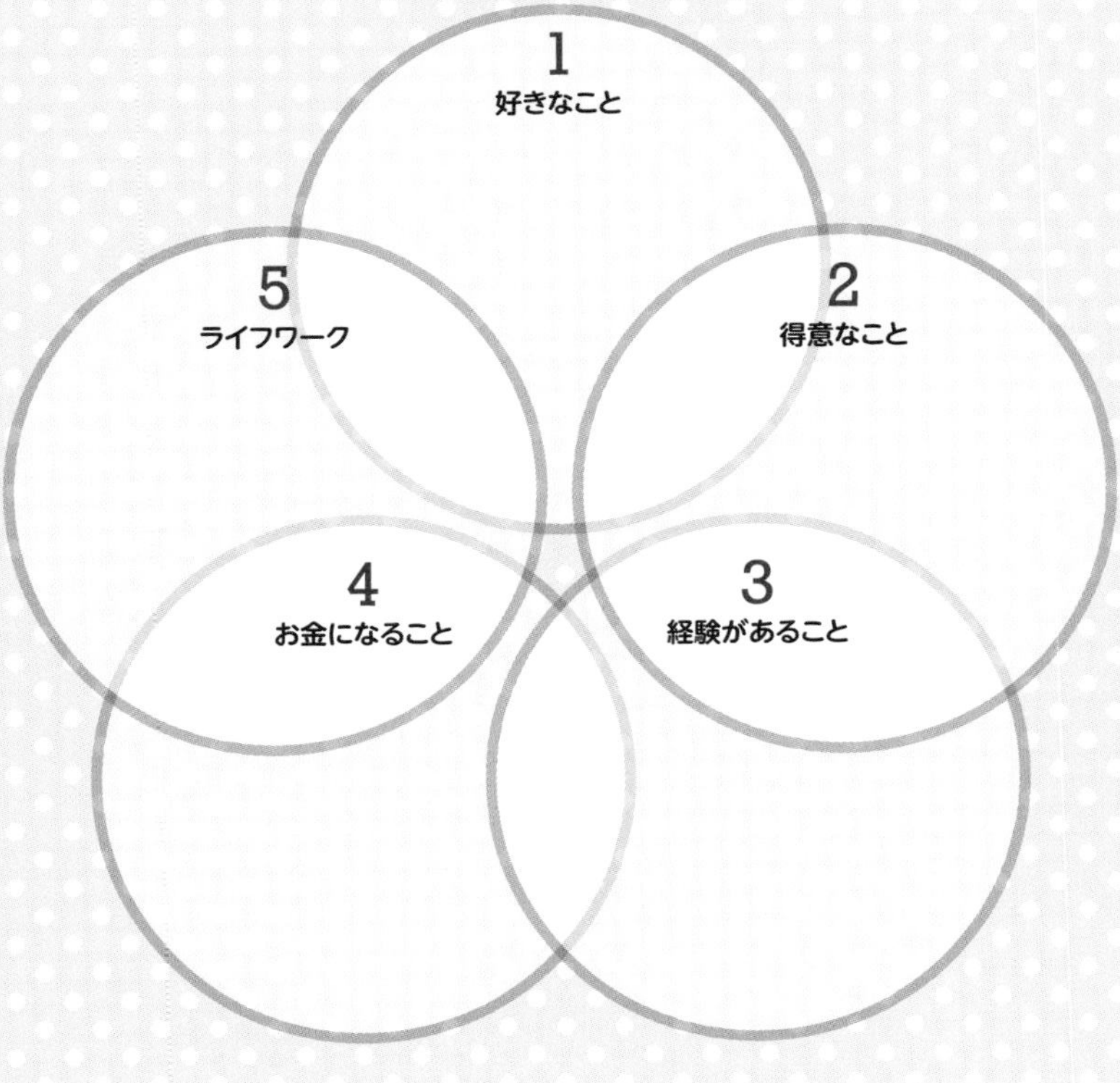

1
好きなこと

2
得意なこと

3
経験があること

4
お金になること

5
ライフワーク

おわりに

将来が不安でたまらないときにおすすめしたい方法

ライフプランを描くことで不安が具体的な対策や行動に変わる

シングル女性はなにかと不安に包まれてしまうことも多いと思います。

病気になったらどうしよう……仕事がなくなったらどうしよう……。

人は一度不安に思うと、考えれば考えるほどその不安は増長するものです。しかし、**先のことはだれにもわからないもの。予防できるものは予防をすれば、むやみやたらと不安がる必要はありません。**

不安を解消するための方法としておすすめしたいのは、「ライフプランシミュレーション」を行うことです。これから起こりそうなイベントに対して、いつ、いくらかかるか、これからのざっくりとした収支と貯蓄額を把握できれば、ばく然としたお金の不安は消えて、やるべきことが見えてきます。たとえ今貯金を切り崩してしまっているとしても、**この状態がいつまで続くのか？ 収支をいくら改善すればよいのか？ が明確になります。そして現状をどのように改善すればよいのかという対策につなげることもできます。**

実際に私がコンサルティングをしても、このシミュレーションをすることで不安が和らぐケースが多いです。収入が減ってしまった場合など、いくつかのパターンでシミュレーションすることで、転職や留学などに向けて背中を押される方も多いようです。最悪の場合でも、数年前からスタートした生活困窮者自立支援制度もありますし、日本にはさまざまなセーフティネットがはられています。

貯蓄は生活費の6カ月分を持っておけば、まずは安心してよいと思います。相談者の中には、将来が心配で好きなようにお金を使えないという人もいました。ある程度のお金は貯まっているものの、旅行にも行かず趣味や交友にもお金をかけず、常に不安そうで、あまり幸せそうにはみえませんでした。

年をとってからはいくらお金があっても、若さはお金では買えません。将来に向けて準備しながらも、今できること、今やりたいことを楽しんでこそ、働いている意義があるのではないでしょうか。

●著者紹介

飯村久美（いいむらくみ）
FP事務所アイプランニング代表
日本FP協会認定ファイナンシャルプランナー

学習院大学卒業後、安田火災海上保険（現　損保ジャパン日本興亜）に入社。在職中にファイナンシャルプランナー（FP）資格を取得。退職後、自らの経験から、お金の正しい知識を身につけることが「やりたいこと」や「夢」につながる一方で、「生活を守る手段」であると痛感。「個人の夢を応援し、家計から日本を元気に」という想いで、2006年FP事務所を開業。これまで手がけた家計診断は1,000件超。
テレビやラジオ出演、セミナー講師など幅広く活躍中。著書に『ズボラでもお金がみるみる貯まる37の方法』（アスコム）、『子どもを持ったら知っておきたいお金の話』（KADOKAWA/中経出版）がある。
FP事務所アイプランニング　http://www.fp-iimura.jp

STAFF
イラスト 河南好美
カバーデザイン・本文デザイン　鷹觜麻衣子
執筆協力　石井育子
校正　鳥光信子
編集・制作　後藤加奈（ロビタ社）
企画・編集　成美堂出版編集部（君島久美）

※本書の情報は2018年５月現在のものです。

シングル女子の今日からはじめる貯蓄術

著　者　飯村久美（いいむらくみ）
発行者　深見公子
発行所　成美堂出版
〒162-8445　東京都新宿区新小川町1-7
電話(03)5206-8151 FAX(03)5206-8159
印　刷　株式会社フクイン

ISBN978-4-415-32492-0
落丁･乱丁などの不良本はお取り替えします
定価はカバーに表示してあります